AF600744

Armin Mueller-Stahl

Der wien Vogel fliegen kann

Armin Mueller-Stahl

Der wien Vogel fliegen kann

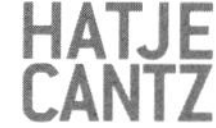

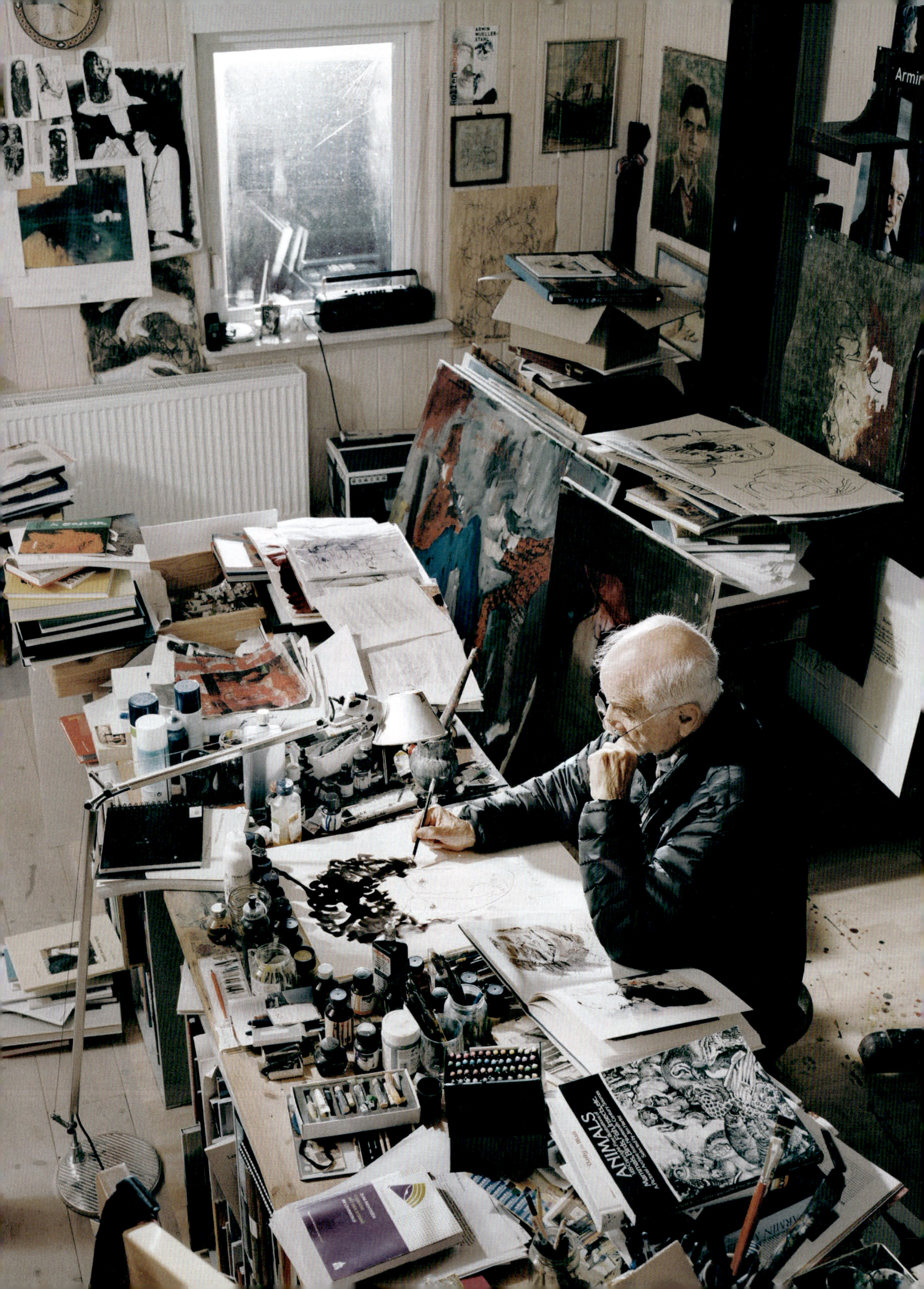
ARMIN MUELLER-STAHL
Armin
ANIMALS

»Zeichnen ist für mich wie Schauspielern und Schauspielern ist wie Zeichnen. Mein Leben lang habe ich Haltungen beobachtet und übertragen. Auf der Bühne, vor der Kamera oder auf dem Papier. Ich spiele und zeichne sie. Oder umgekehrt.«

Armin Mueller-Stahl

Foto: Andreas Mühe

Vom Fliegen

Armin Mueller-Stahls Zyklus *Manchmal träumte er er könnte …*[1]

Herwig Guratzsch

Eine Ente träumt davon, erfolgreich nach einem Regenwurm zu schnappen. Könnte man sich einen schöneren Traum für sie vorstellen? Doch im Moment des Zuschnappens wird sie gestört und alles ist dahin. Wer den kuriosen »Ententraum« von Karl Valentin kennt, würde schnell zugeben, dass mit Armin Mueller-Stahls Song-Gedicht von 1968 *Manchmal träumte er er könnte* ein »ernsteres« Träumen – der Menschheitstraum vom Fliegen – vor Augen steht. Sein dabei wunderbar zutage tretender Humor, der nicht zum ersten Mal in seiner hochoriginellen Publikation *Die Blaue Kuh* von 2016 aufgeschienen ist, zielt auf Realität. Er sucht die Wirklichkeit. Dass er dabei Humor gern in »Poesie« kleidet, wie es Björn Engholm ihm in einem treffenden Essay 2015 bescheinigt hat, entschärft ihren hintergründig anspielungsreichen Sinn nicht wirklich. Der Hörer, Leser und Kunstgenießer spürt immer und überall bei Mueller-Stahl die Tücken der Heiterkeit, ihre rationale Grundierung, ihre geradezu entlarvende Ambivalenz.

Seine kraftvolle »Illustrierung« mit Farben, die der reife, bald 90-jährige Künstler jedem Vers seines 2016 erweiterten Gedichts vom Fliegen gibt, dramatisiert seine scheinbar leicht hingeworfene Sprachkomposition aus Jugendjahren. Die bildnerische Turbulenz ist riesengroß. Man wird von einem kosmischen Spektakel erfasst, bei dem der Himmelsprolog in Goethes *Faust* Pate stehen könnte: »Und Stürme brausen um die Wette, / Vom Meer aufs Land, vom Land aufs Meer / und bilden wütend eine Kette / Der tiefsten Wirkung ringsumher«. Mueller-Stahls expressiver Zugriff, seine grelle, zuweilen schräge und krasse Malerei liefert keinen sekundären »Beitrag« zum Text, sondern »zieht« die Worte einzeln mit dem Feuer der Farbe »an«, durchdringt temperamentvoll die Begriffe, die ja schon selbst ein »Be-greifen« meinen.

Mueller-Stahl liebt die Grenzüberschreitung der Künste untereinander, das Hinüberwechseln vom Schau-Spielen zum Musizieren (mit der Geige auf höchstem Niveau) hin zum Dichten und zum Malen. Aber nicht um seiner Vielbegabtheit willen setzt er seine Gaben ein, nicht um ihnen selbstdarstellerisch freien Lauf zu lassen, sondern um seine Gedanken zu verdichten, sie stärker und triftiger zu machen. Ja, er verringert sogar das munitionsreiche Vokabular, das er kreativ einsetzen könnte, und zieht die knappe Andeutung, das flüchtige Symbol vor, weil er weiß, dass Reduktion Verwesentlichung bewirken kann – eine geniale Umkehrung dessen, was man erwarten würde. So wie er im Vortrag meisterhaft Pausen als entscheidendes rhetorisches Kunstmittel einsetzt und damit die Spannung erhöht, so vertieft er seinen bildkünstlerischen Ausdruck einerseits durch pleonastische Farb- und Formenspiele und andererseits durch Weglassen und Verzichten.

Was aber treibt ihn zur üppig gestalteten Gesamtkomposition von Wort und Bild? Und vor allem: Wohin ist er aufgebrochen, welches Ziel soll erreicht werden? – Denn es gibt ja nichts Verführerischeres als die eigenen Hoffnungen, die man im Traum versammeln kann. Wohin also entführt er sich selbst, wohin nimmt er uns mit, zu welchen Ufern der Fantasie?

Es geht um das »Fliegen« des Menschen, um die Überwindung seines »Nicht-fliegen-Könnens«. Dieses Urmotiv, durch Ikarus gleichnishaft früh mit der Menschengeschichte verzahnt, bezwingt immer neu die menschliche Sehnsucht. Auch im Werk von Armin Mueller-Stahl spielt diese Sehnsucht seit früher Zeit eine große Rolle. Andreas Hallaschka hat das einfühlsam im Buch *Armin Mueller-Stahl – Arbeiten auf Papier* von 2015 mit der Überschrift »Malen heißt Fliegen« dargestellt. Zunächst geht der Künstler subtil und verschlüsselt dem nach. »Gestern war der Mond kurz dunkel / Da flog wohl der Mann vorbei«. Er, der in den antagonistischen politischen Systemen mit ihren schweren Verwerfungen fast hätte zerrieben werden können: Flucht aus Ostpreußen (er wurde 1930 in Tilsit geboren), erfolgreiche Schauspielkarriere in der DDR, 1976 Unterzeichnung der Protestresolution gegen die Ausbürgerung Wolf Biermanns, anschließendes Berufsverbot in der DDR, Ausreise aus der DDR 1979, mühevoller und komplizierter Beginn in der freien Welt, erst in der Bundesrepublik, dann in den USA.

Nun, nach der Wiedervereinigung Deutschlands, ein Vierteljahrhundert danach, verarbeitet er das Thema des Fliegens frontal. Er lebt und liebt »Fliegen« im unbegrenzten Sinn: Er hat sich »frei-geflogen«, bündelt dieses Urverlangen zur Grundmetapher der künstlerischen Aussage – »Malen heißt Fliegen« –, stößt aber auf Leute, die es einem nicht gönnen, am Rande des Weges stehen und rufen: »Bleib unten!« Neid und Missgunst ziehen immer wieder nach unten. Alle erfahren das, und die, die wie Mueller-Stahl in exponierter Stellung sind, ohnehin. Der sozialistische Traum von der Gleichheit – »wir sind doch alle gleich« – bleibt aber unrealistisch. Er zerstört Ungleichheiten, zerbricht Individualitäten, die das Leben spannend und schöpferisch würzen könnten, stutzt das Hohe, versimpelt das Niedrige. Auch dieses düstere Fazit durchzieht sein farbiges Gedicht.

Mit dem Traum vom »Doch-fliegen-Können« eröffnet es eine fantastische Möglichkeit: Alles, was uns hier auf der Erde plagt und zu Streit anstiftet, bekommt eine ganz andere Aussage, wenn wir es aus der Perspektive von oben, aus gehöriger Entfernung betrachten. Dann schrumpfen sogar die konträren »Praesidenten« zu überschaubaren Zwergen im Sandkastenspiel, dann wird auch wahr, was Mueller-Stahl mit den zwei Zeilen grandios diagnostiziert: »ohne Frieden Praesidente / gibt es Kriege ohne Sieg«. Lässt sich ein kriegerisch bekämpfter Konflikt, der selten zum Ausgleich und noch seltener zum Frieden führt, treffender beschreiben?

Und nun – über die Erde fliegend, über den Dingen stehend – hält der Künstler seine Empörung nicht zurück: Der Praesidente wird entlarvt, er ist »Schuft unter den Schurken«. Ihn gibt es nicht nur hier und nicht nur dort, er ist es überall, ob im Osten, Westen, Süden. Mueller-Stahl hofft, ihn bald zu entthronen. Doch steht dazwischen, was immer dazwischen steht, das anpasserische Volk. Aus Angst »johlt« es zu, schreit »Hurra«. Das Bild zum Vers »wird dein Volk dich unter Johlen« geht unter die Haut. Die verführte Masse im frechen Hellblau ist beschämt, irritiert und beunruhigt. Haarscharf erkennt der Flieger weit von oben dieses größte Hindernis. Man meint in seinem unausgesprochenen Schmerz, in seiner Resignation zu hören: Wenn es doch nur ein paar »Gute« gäbe, die nicht mitmachten, nicht zujohlten, sondern den Praesidente »runterholten«!

In der folgenden Strophe spiegelt sich seine DDR-Erfahrung: Fliegen wird wegen Fluchtgefahr verboten, so wie das während der lange eingemauerten DDR der Fall war, als abendliche Strandspaziergänge an der Ostsee von der Staatsmacht behindert wurden.

Wie erfinderisch war man in diesem System geworden und wie intelligent und sicher eignete man sich die doppelte Sprachgebung an, das »Durch-die-Blume-Reden«. Mit Schalk und List formulierte man um drei Ecken, was Gleichgesinnte auf Anhieb verstanden, was aber die Stasi nicht durchschauen sollte beziehungsweise zu keiner Handhabe ihrerseits führen durfte, es als staatsfeindliche Äußerung aufzudecken und zu ächten. Deshalb sind immer noch ehemalige DDR-Bürger den westlichen im »Hinter-den-Zeilen-Lesen« weit überlegen. Wie wenige andere hat das Mueller-Stahl nicht nur erfahren bei seiner Durchwanderung der Systeme, sondern setzt es in der Kunst um und öffnet die Augen der Leser, Betrachter und Zuhörer. Am Ende triumphiert der Künstler in seinem Song-Gedicht: Der »Flieger« ist nicht totzuschlagen, er ist ganz einfach »über die Mauer losgezogen« und »der Staatsmacht davongeflogen«.

»Dann und wann gibt's einen Mann / der wien Vogel fliegen kann ...«

1 In Anlehnung an das Gedicht von 1968 *Manchmal träumte er er könnte* entstand 2016 eine erweiterte Fassung, worauf sich der vorliegende Text bezieht.

Manchmal träumte er er könnte ...

Armin Mueller-Stahl

Fliegen durch die Himmel sacht
Und er flöge wie ein Falke
Durch den Tag und durch die Nacht

Eines Tages konnt ers wirklich
Und er flog hoch auf der Stadt
Und er segelt wie ein Falke
Durch den Tag und durch die Nacht

Alle Welt stiert in den Himmel
Und die Staatsmacht sagt vorbei
Keiner darf wien Vogel fliegen
Der im Pass ein Mensch noch sei

Heute fliegt er hinter Wolken
Denn ihn sucht die Polizei
Gestern war der Mond kurz dunkel
Da flog wohl der Mann vorbei
Dann und wann gibts einen Mann
Der wien Vogel fliegen kann

Und er ruft aus hohem Himmel
Frieden, Freiheit, Fliegen, flieg
ohne Frieden Praesidente
gibt es Kriege ohne Sieg

Deine Mannschaft Praesidente
Diebe, Mörder, Lügner, Schurken
weil du brutal gemein regierst
bist du ein Schuft unter den Schurken

wird dein Volk dich unter Johlen
von dem Thron bald runterholen?
Ich hoffe drauf und das von oben

Praesidente wird vor Wut ganz rot
schlagt doch den Flieger endlich tot!
Doch der?
Über die Mauer losgezogen
ist er der Staatsmacht davongeflogen

Und er ruft von drüben rüber
fürchte Dich Praesidente, ich komme wieder ...

Dann und wann gibts einen Mann
der wien Vogel fliegen kann ...

(1968/2016)

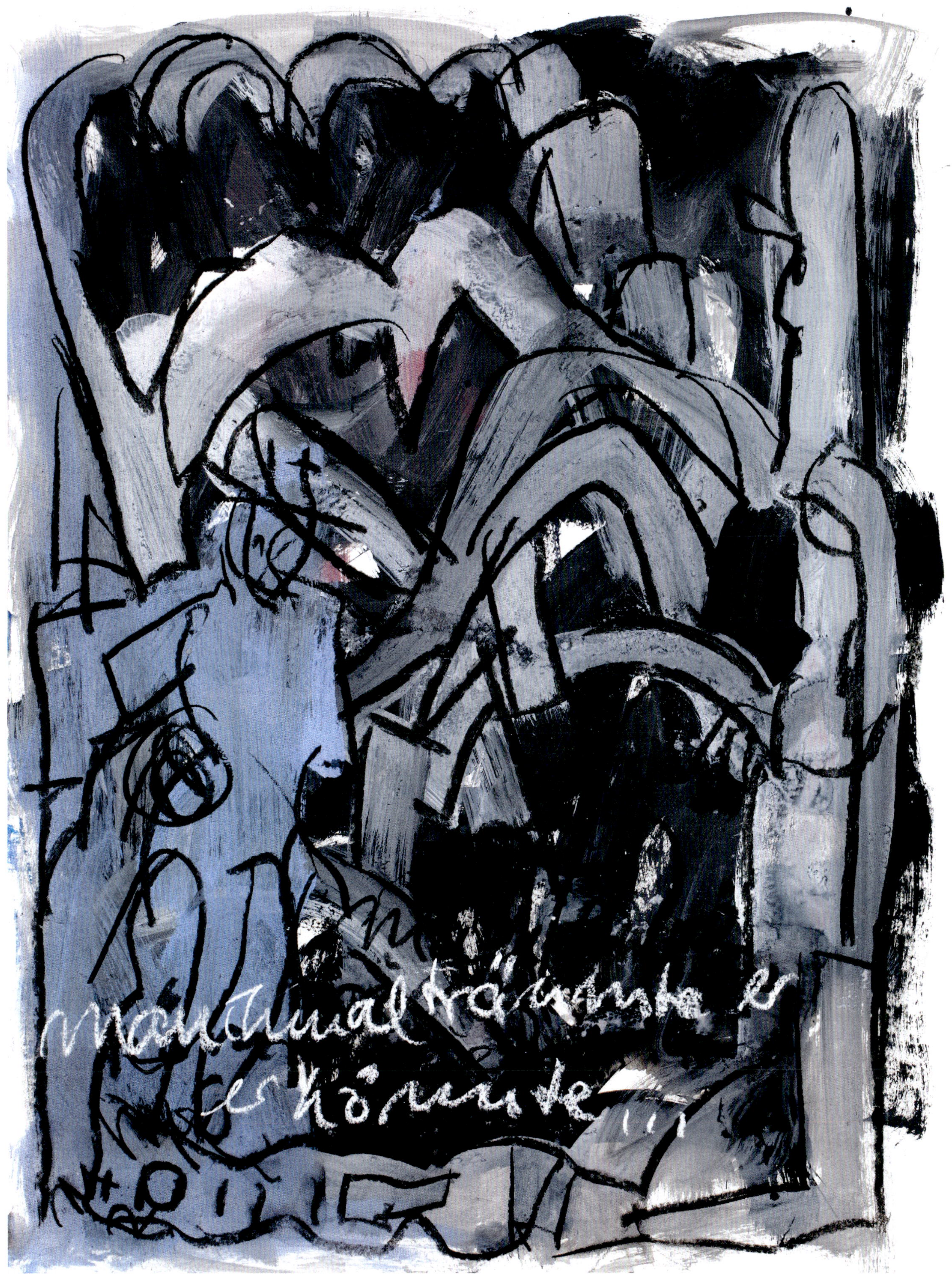
manchmal träumte er
er könnte …

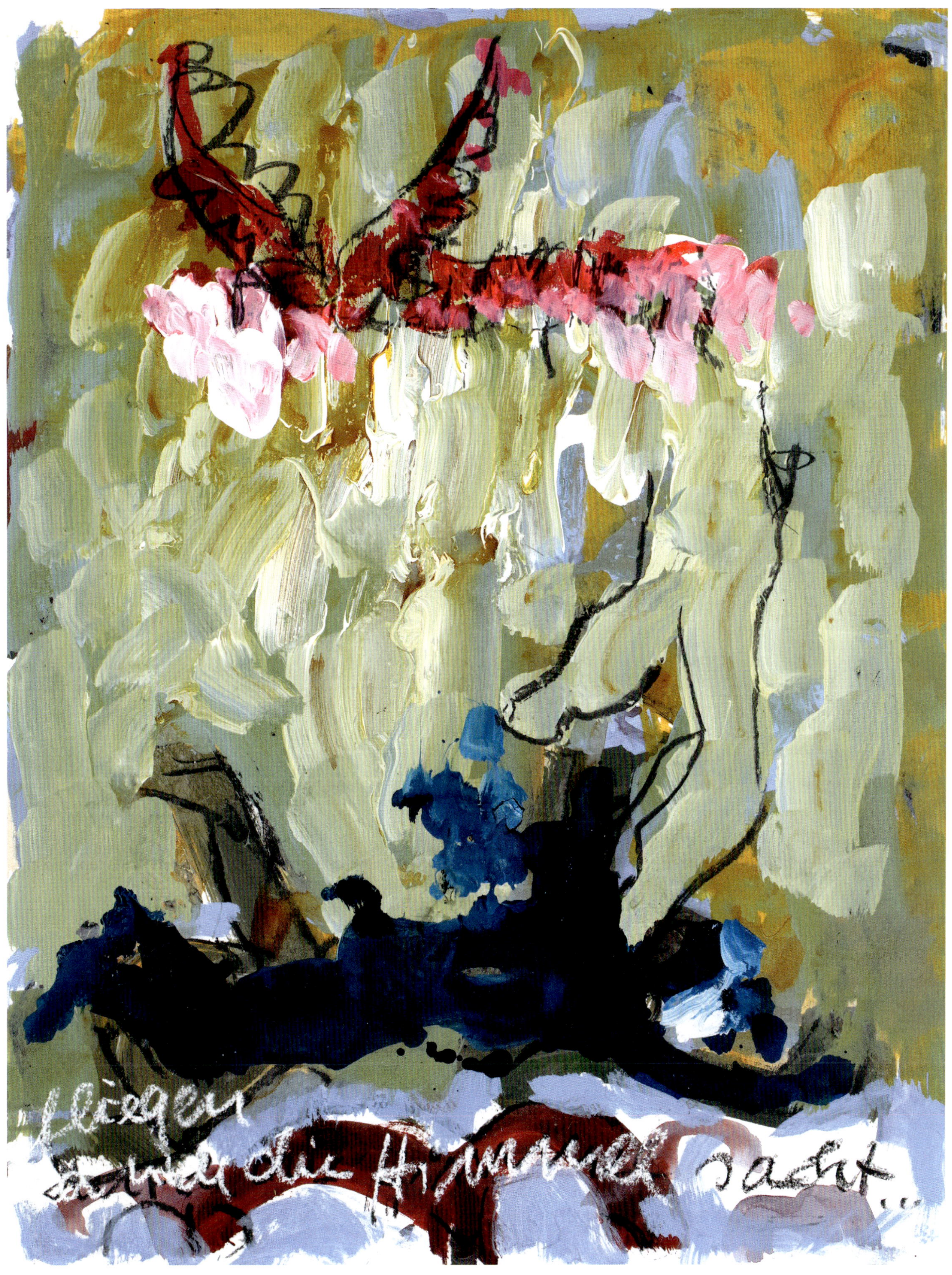
fliegen
die Himmel sacht...

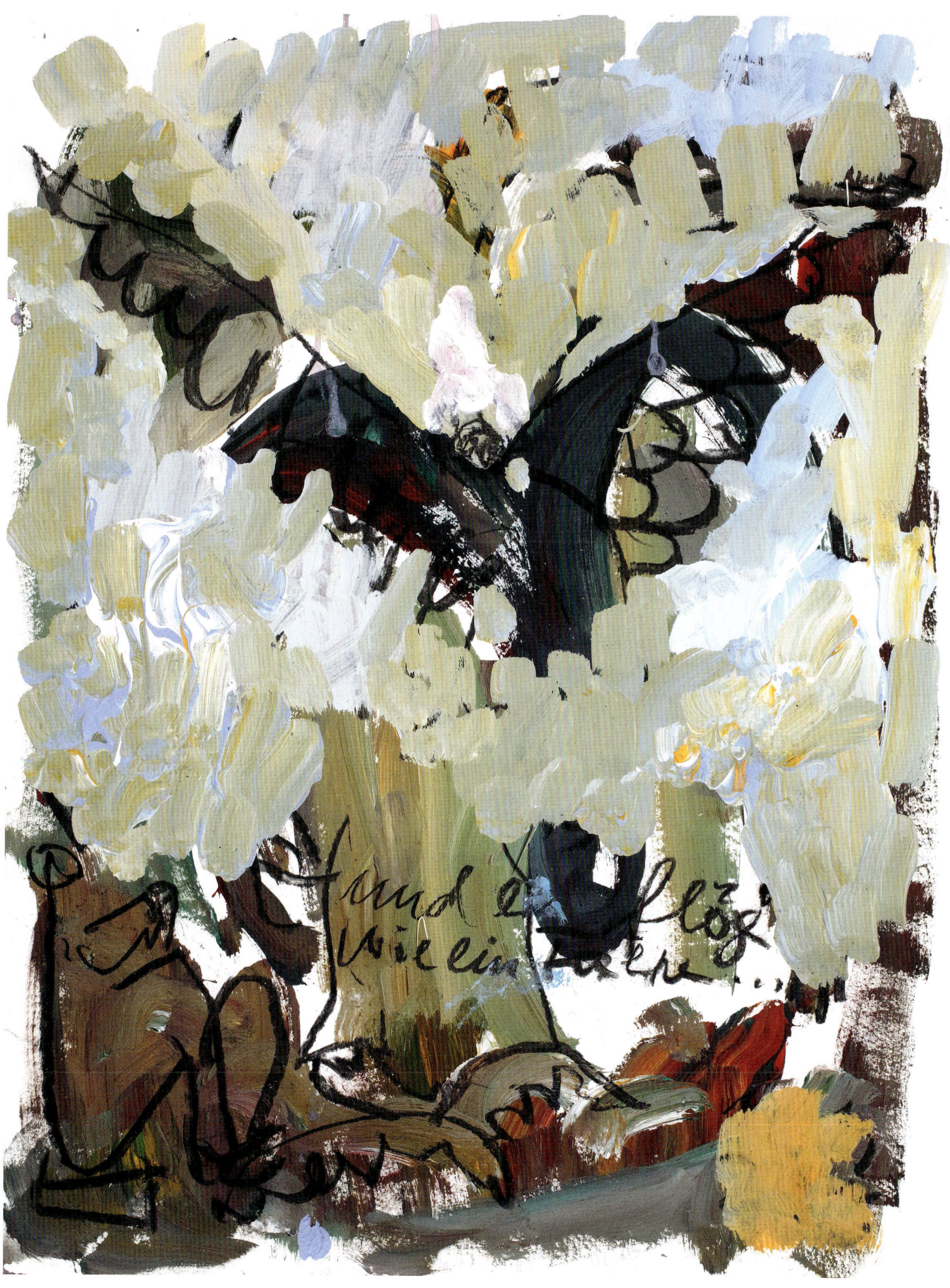
und er flog
wie ein

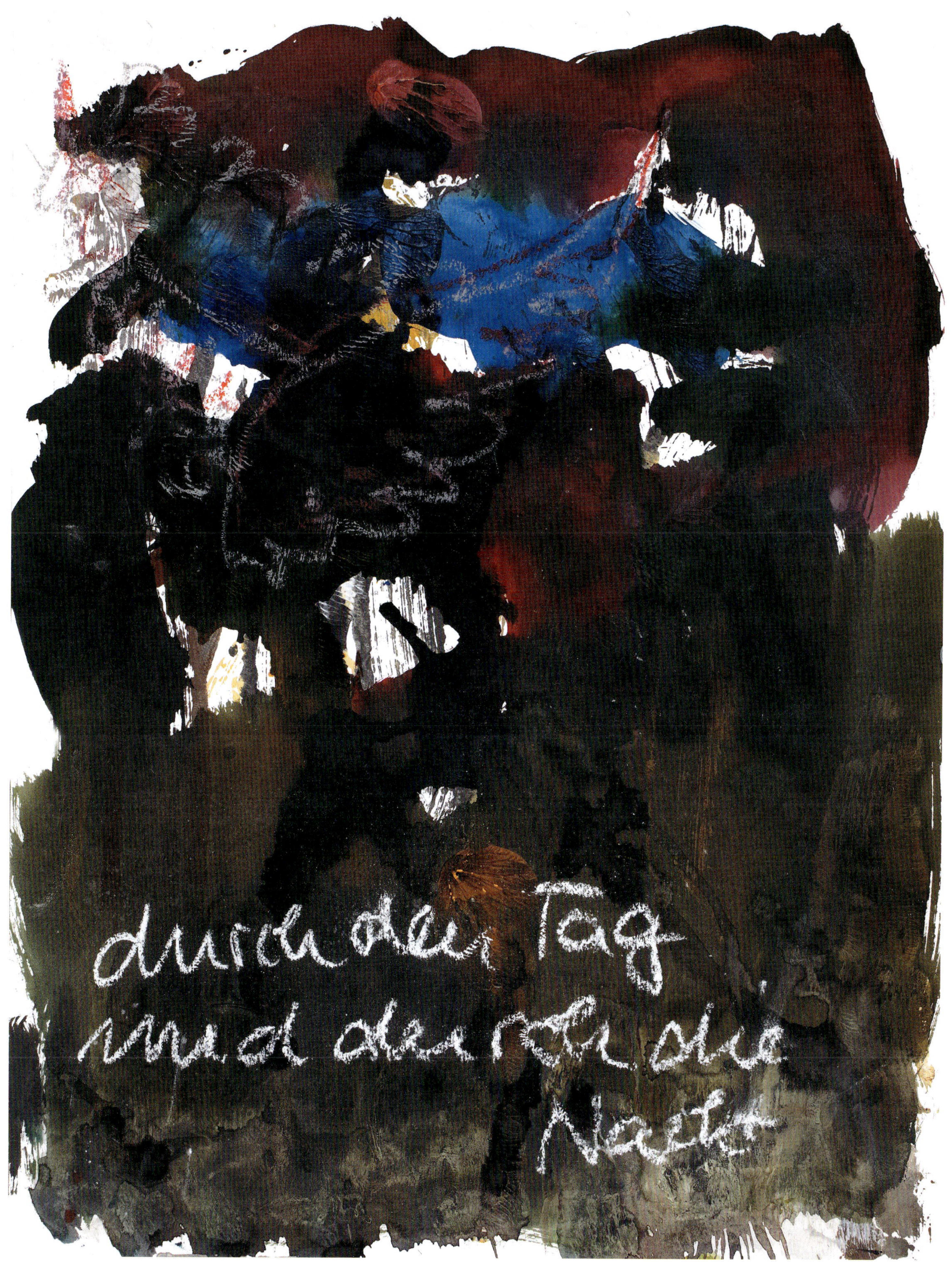
durch den Tag
und durch die
Nacht

Eines Tages konnt ers wirklich

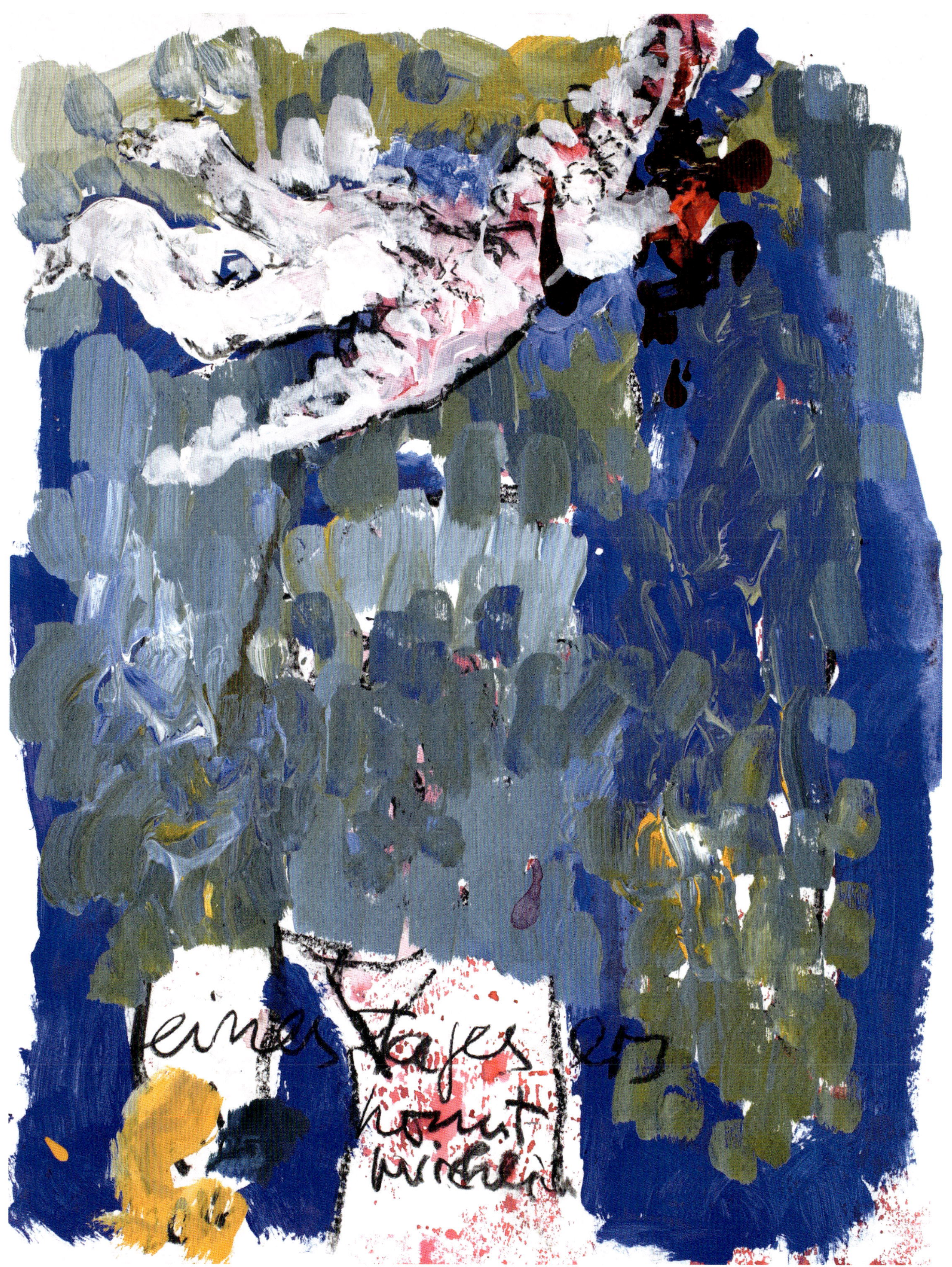
eines Tages er
kommt
wieder

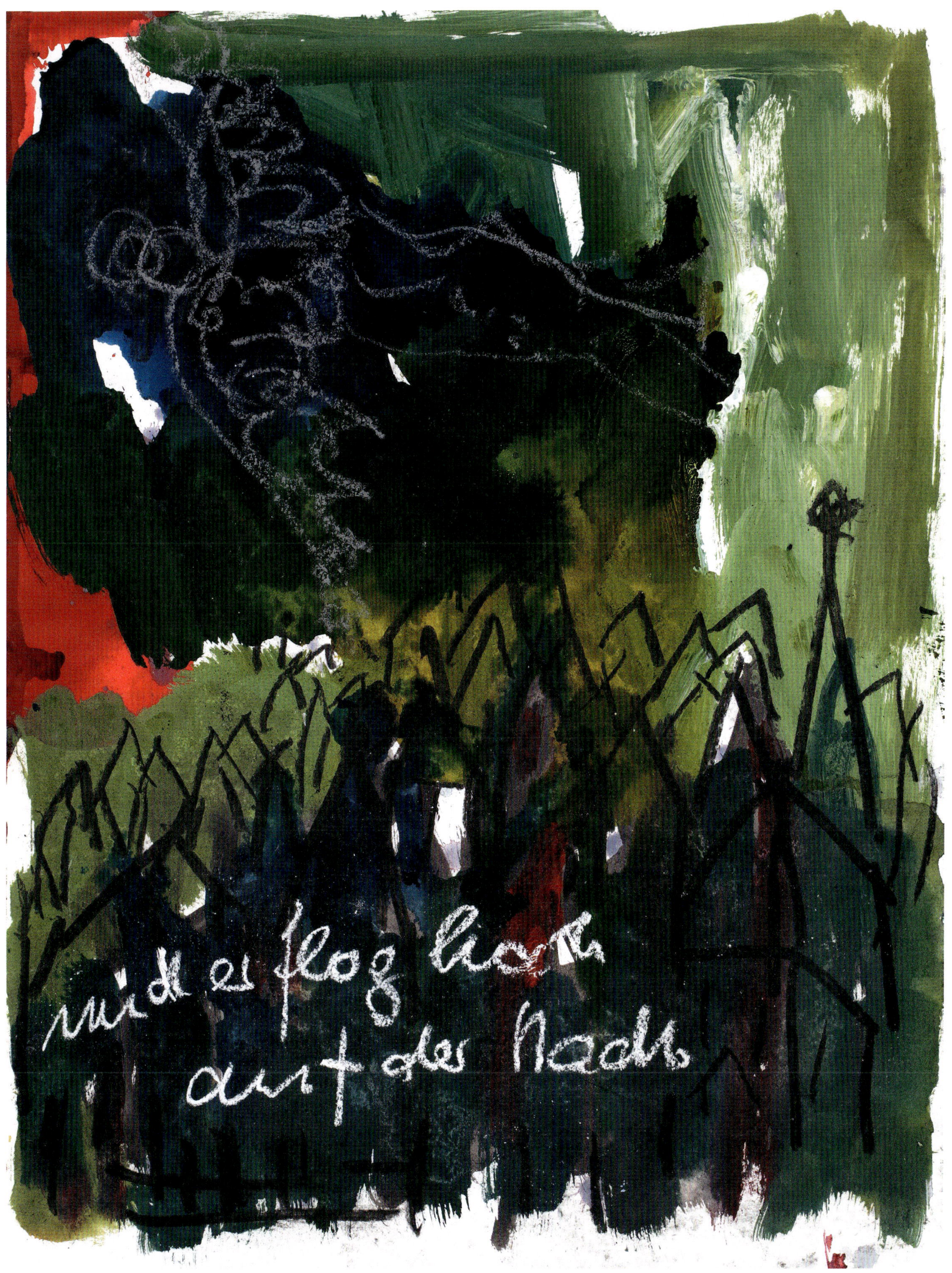
und er flog hoch
auf der Nacht

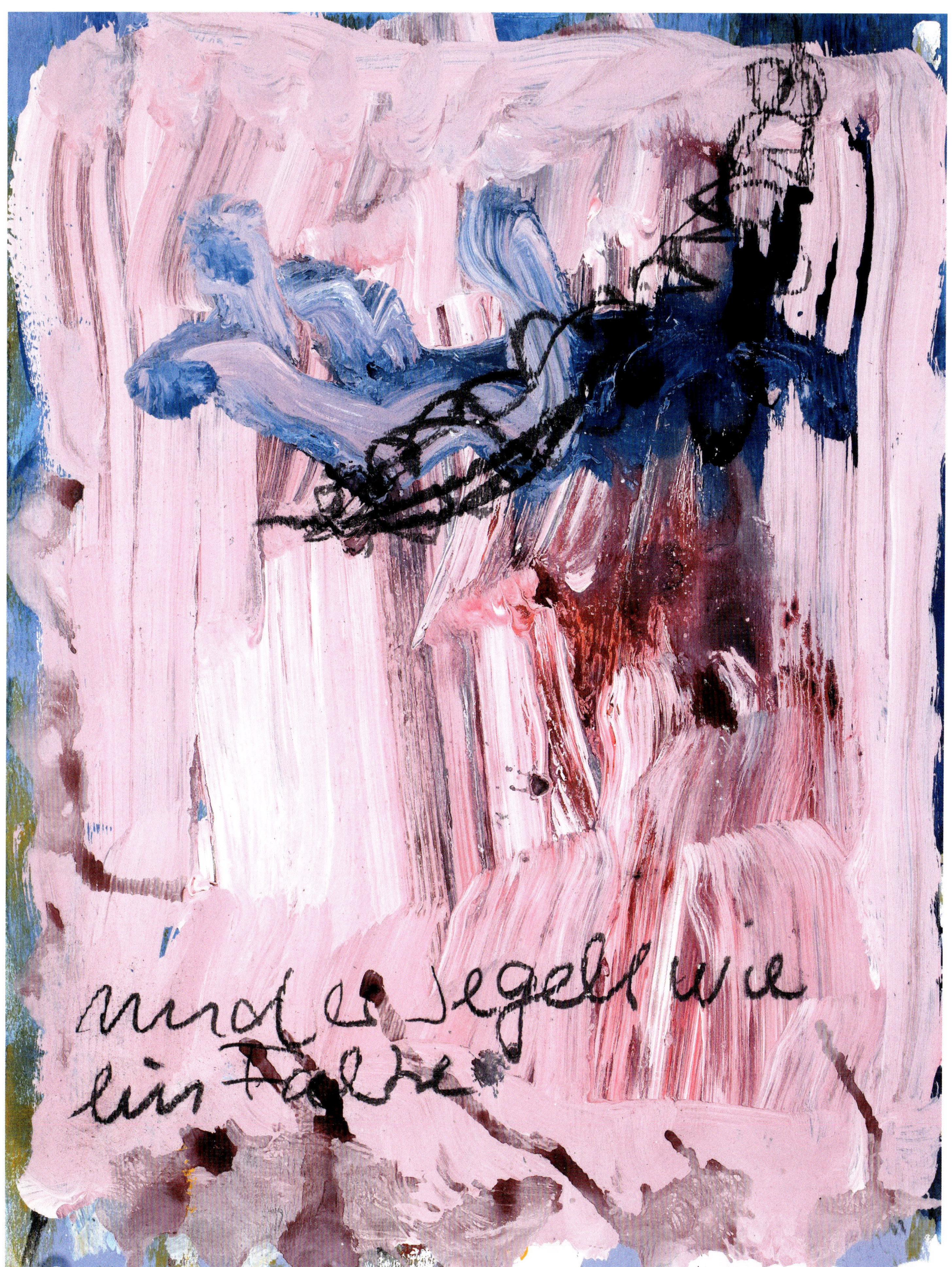
und er segelt wie
ein Falke

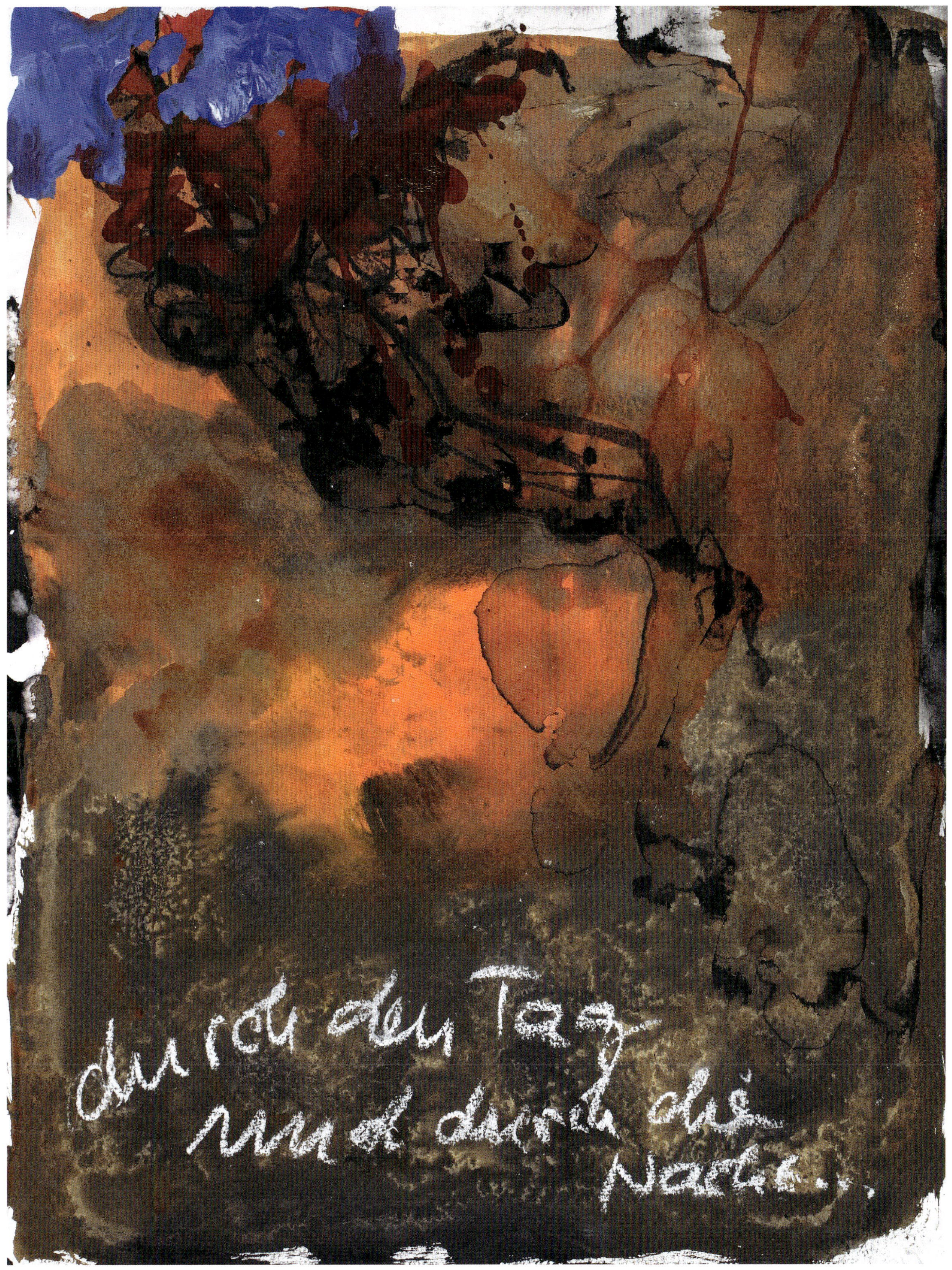
durch den Tag
und durch die
Nacht...

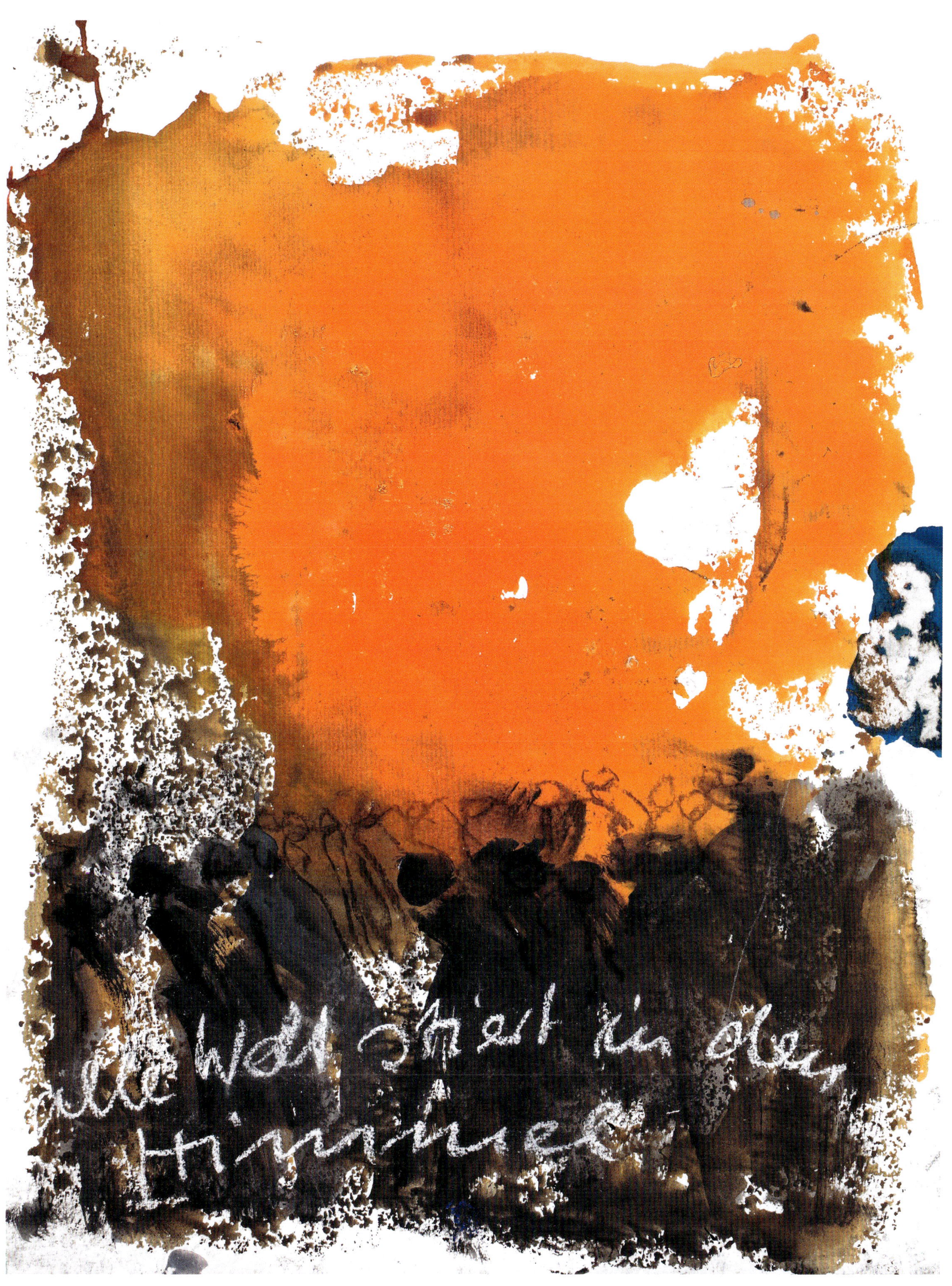
Himmel

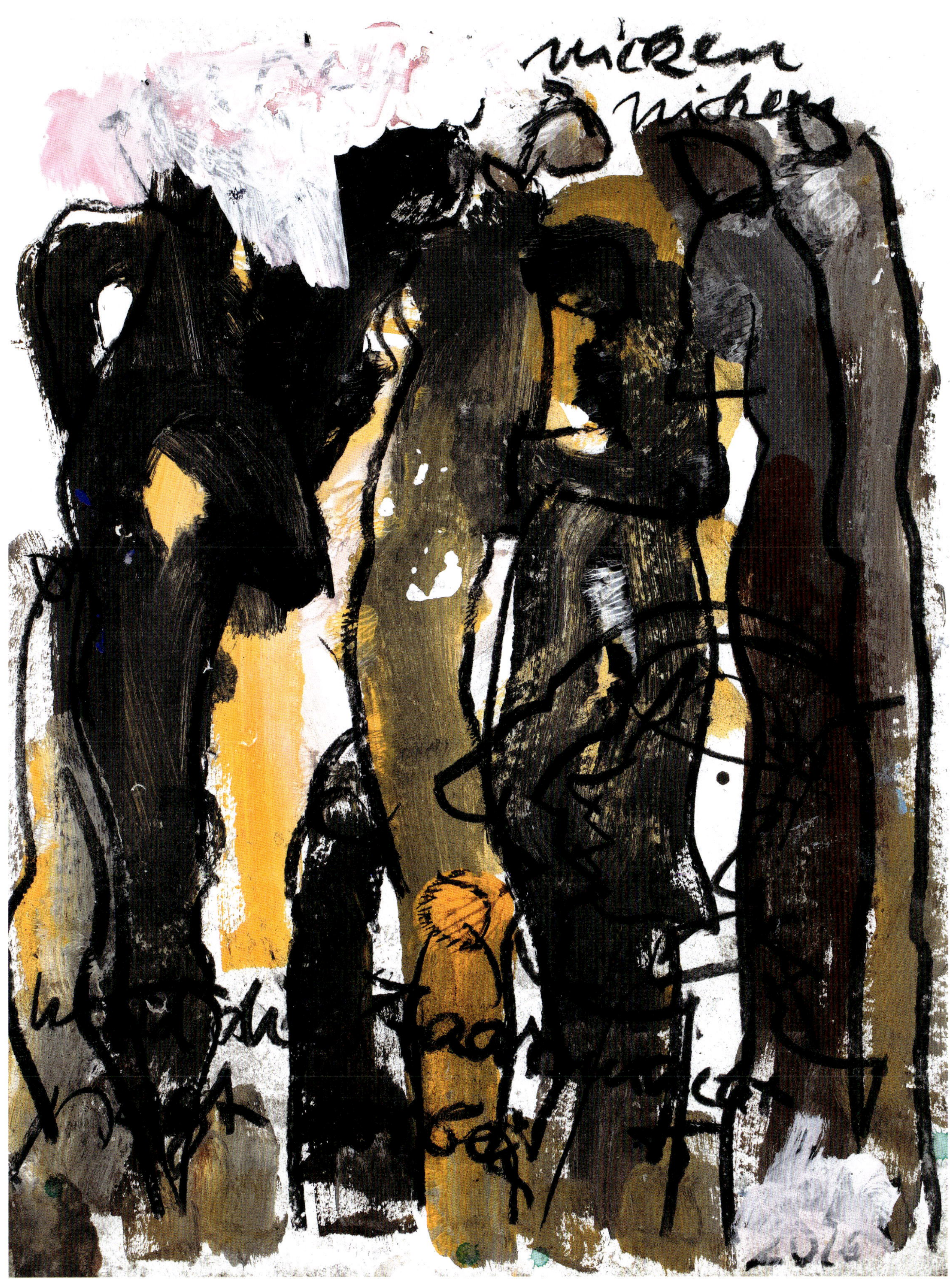

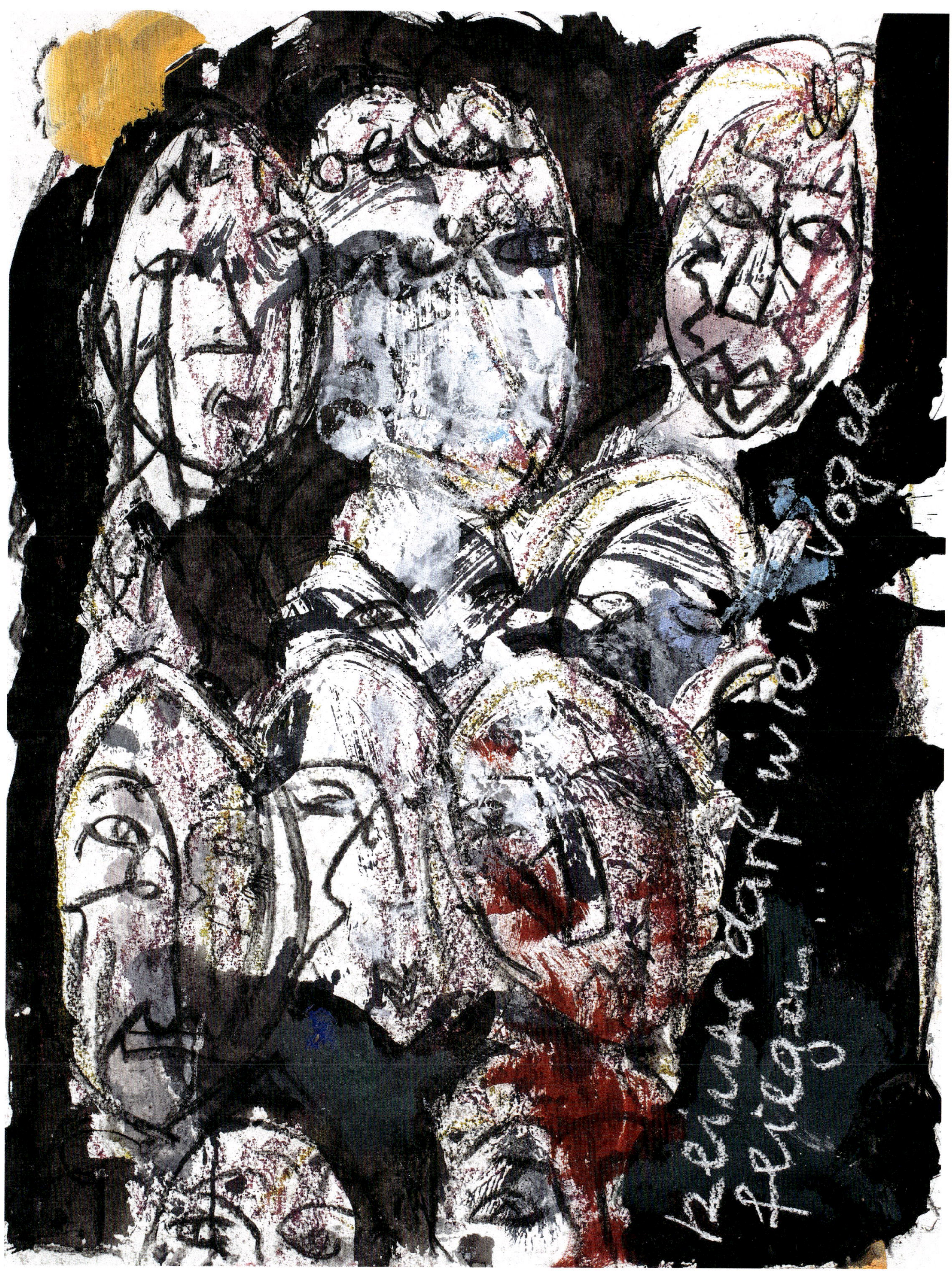
keiner darf wie vögel
fliegen …

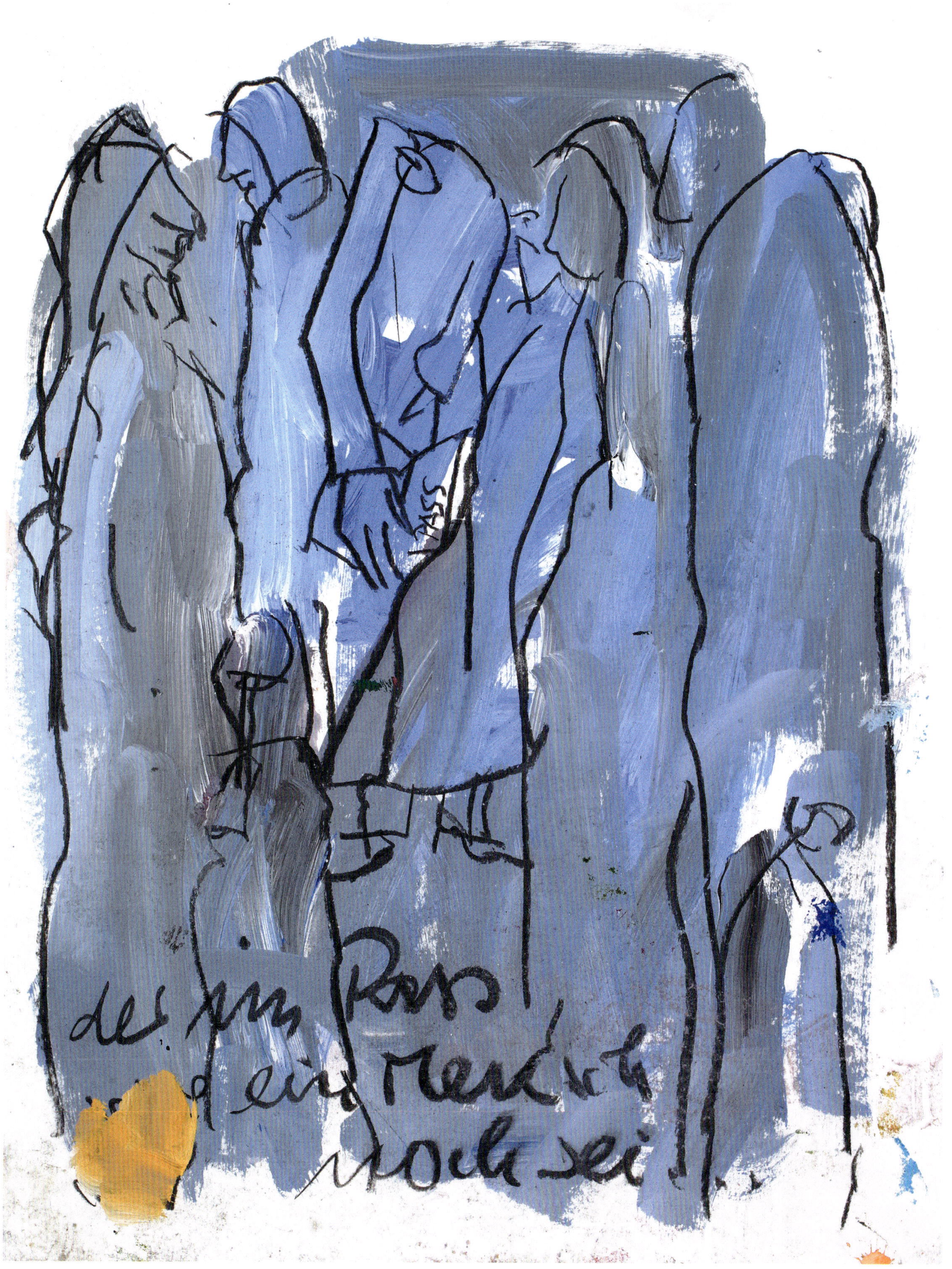
der im Pass
ein Mensch
noch sei

Heute fliegt er hinter Wolken

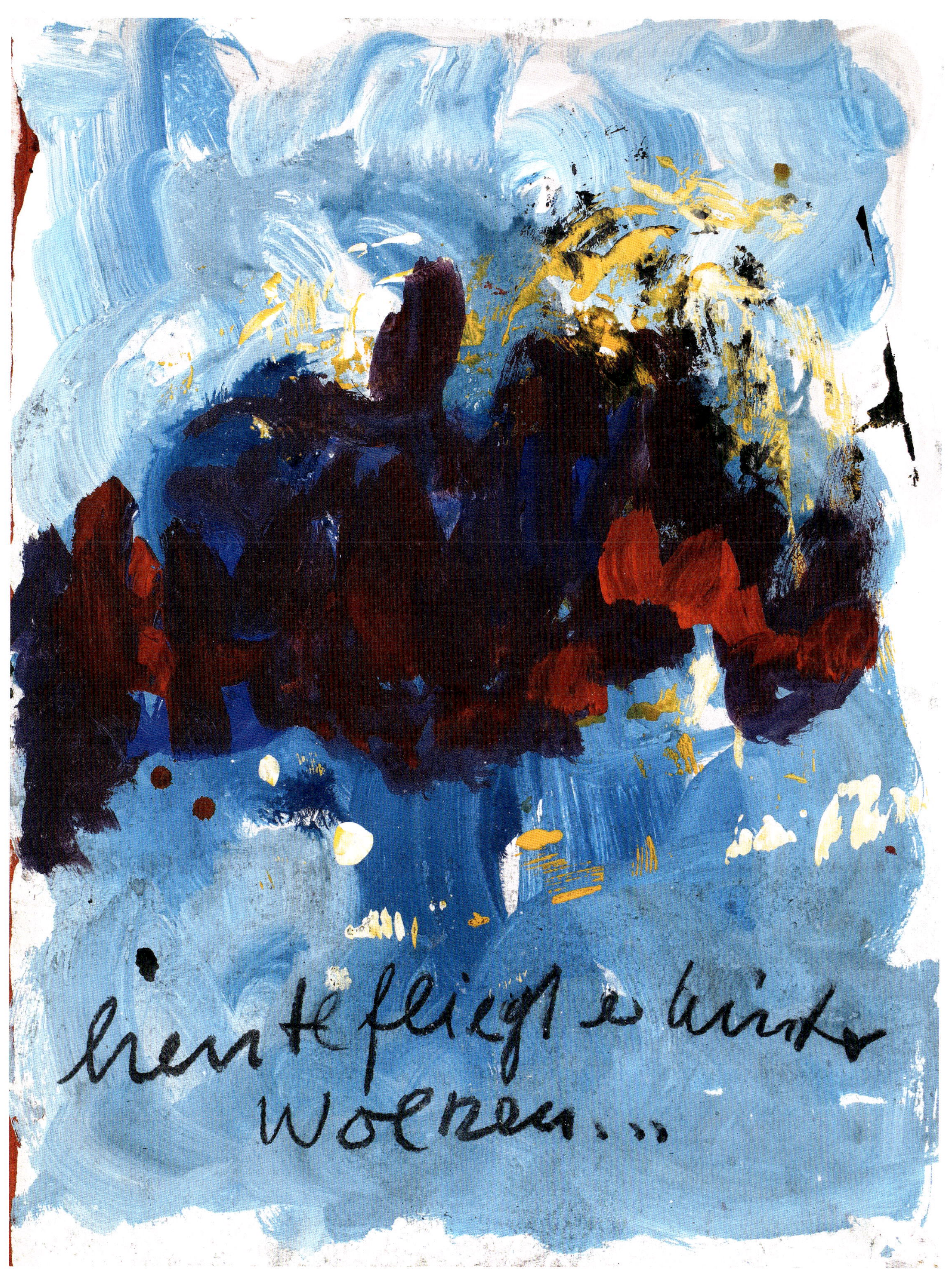
heute fliegt er hinter
Wolken...

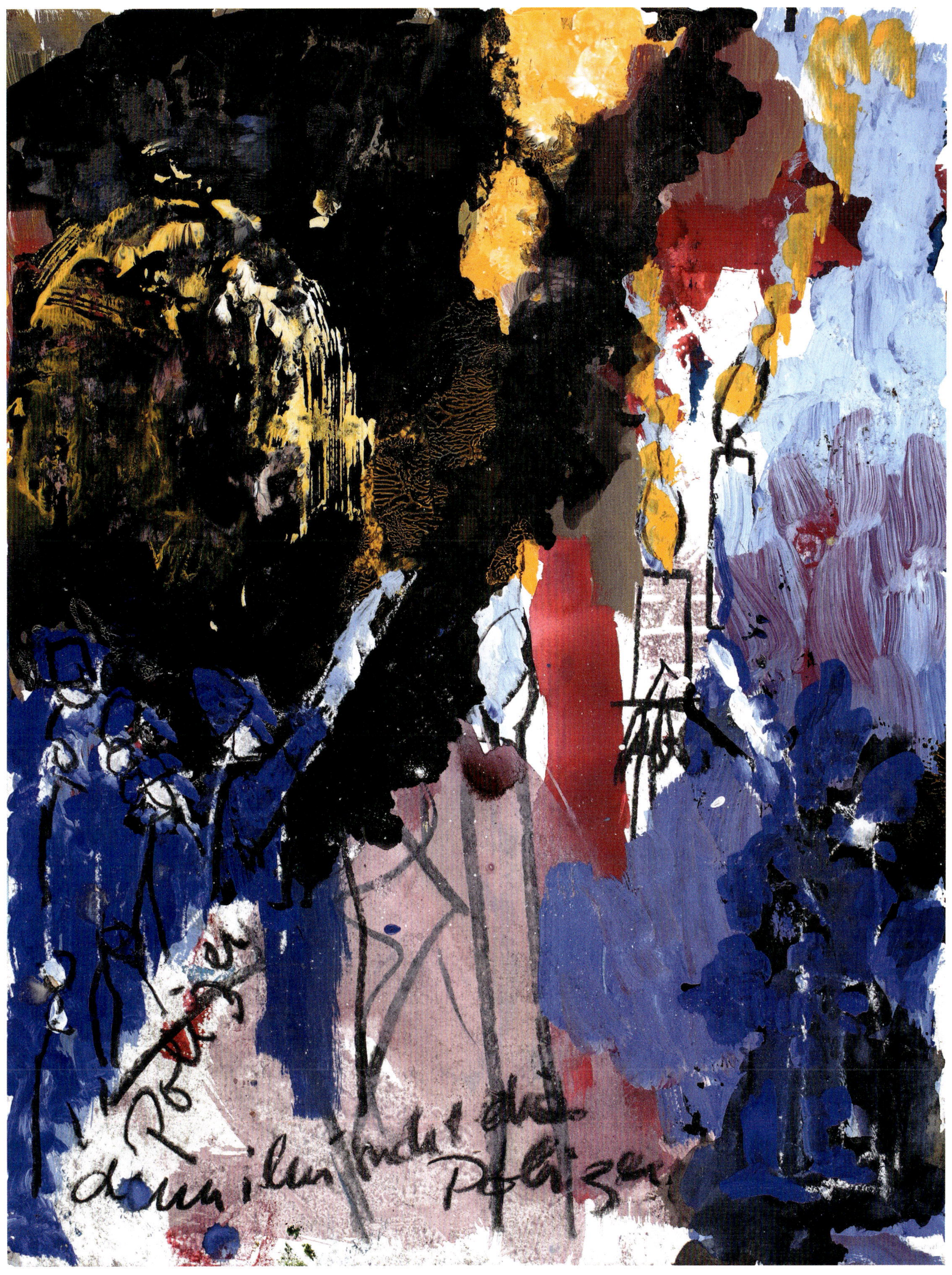
Polizei

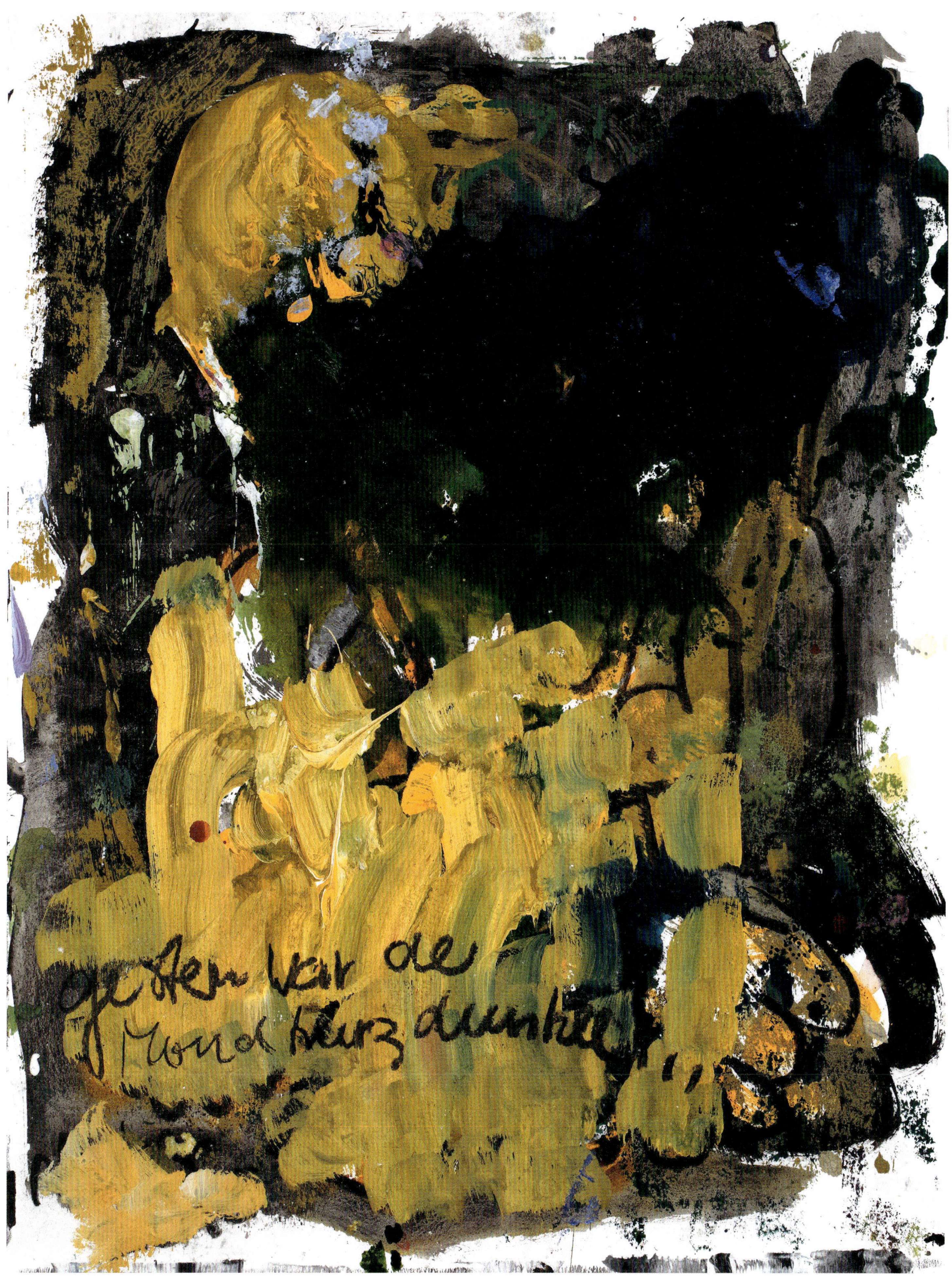
gestern war de
Mond kurz dunkel,,

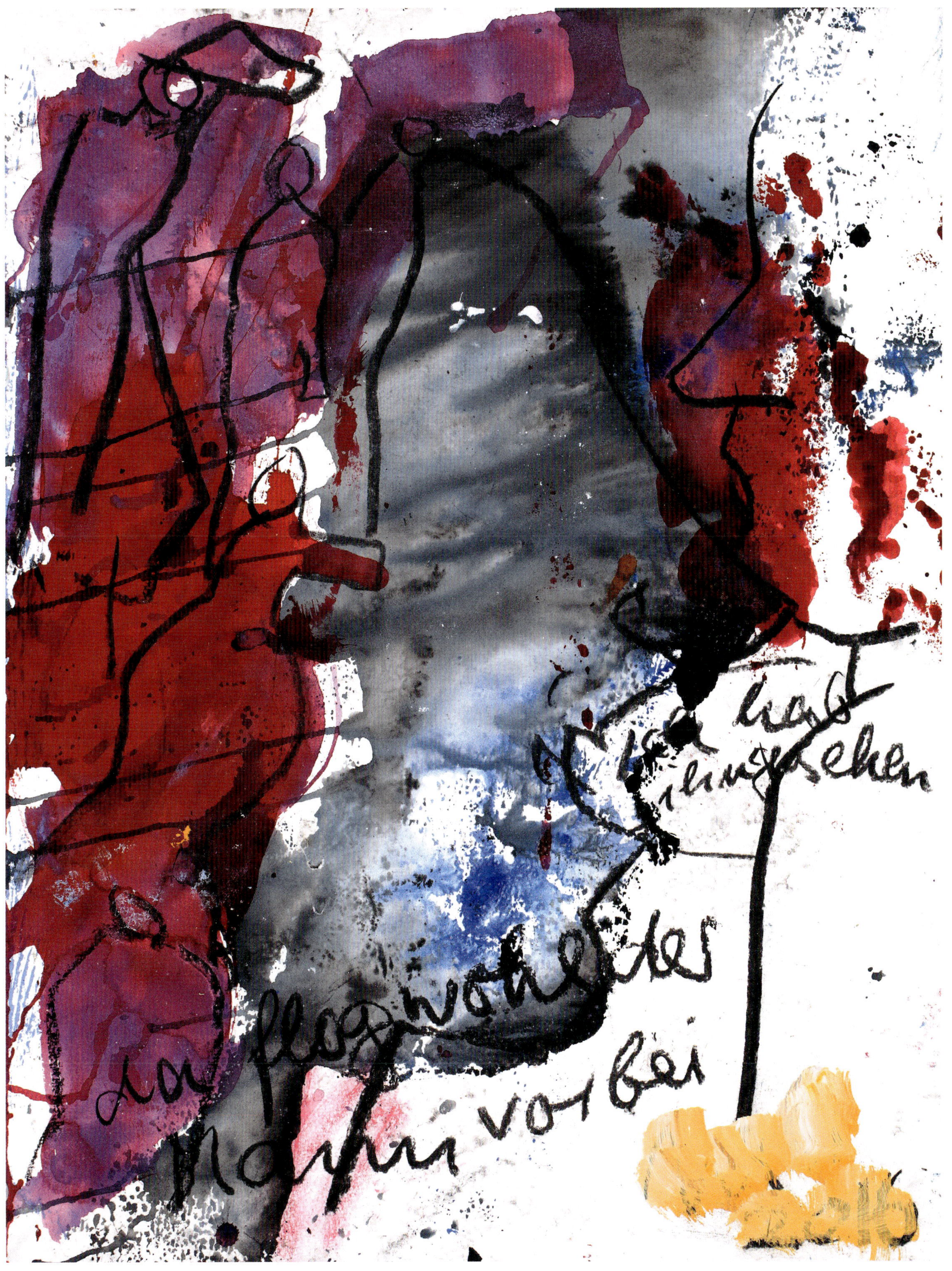
da flog wohl der
Mann vorbei

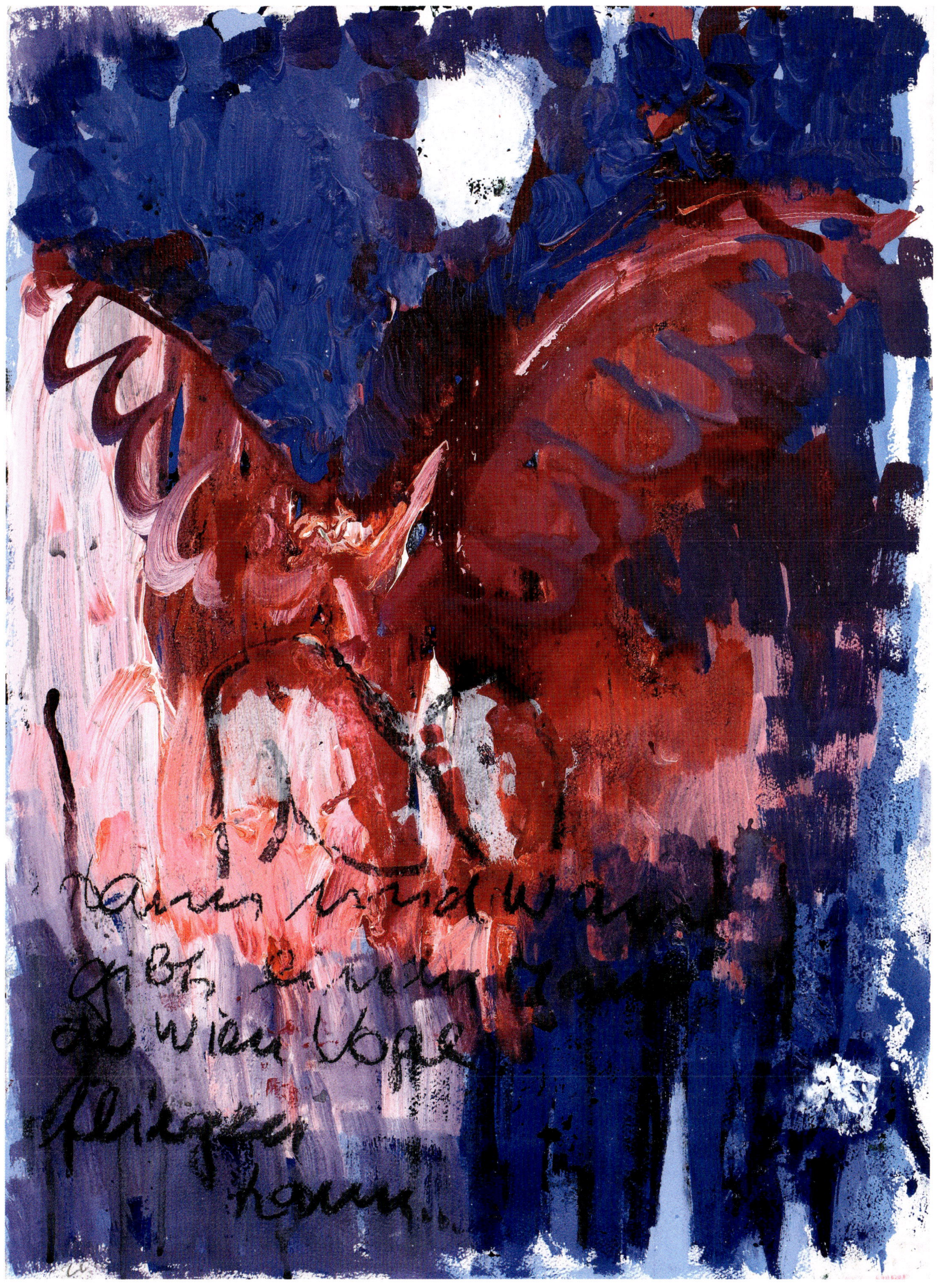
fliegen
kann.

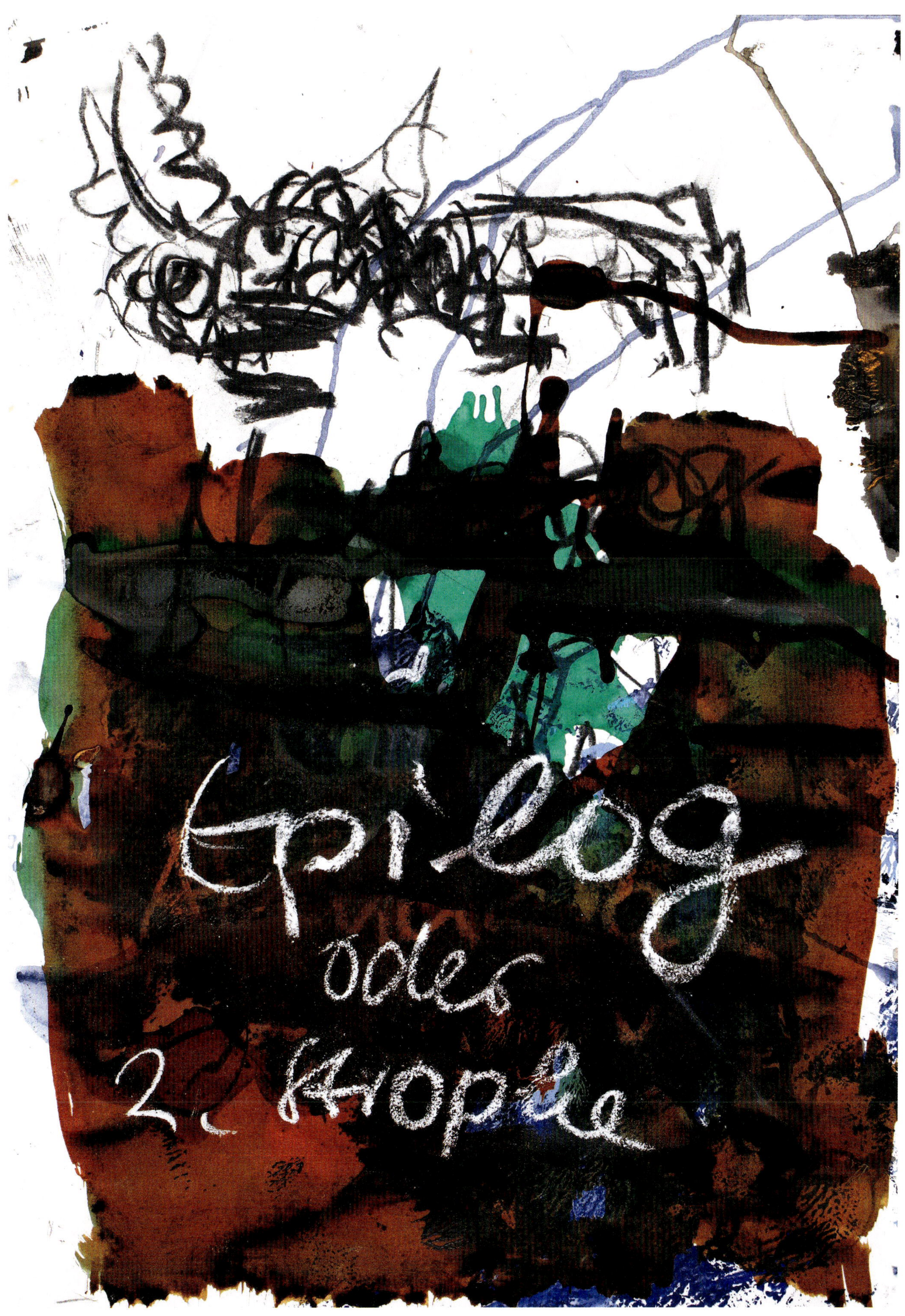
Epilog
oder

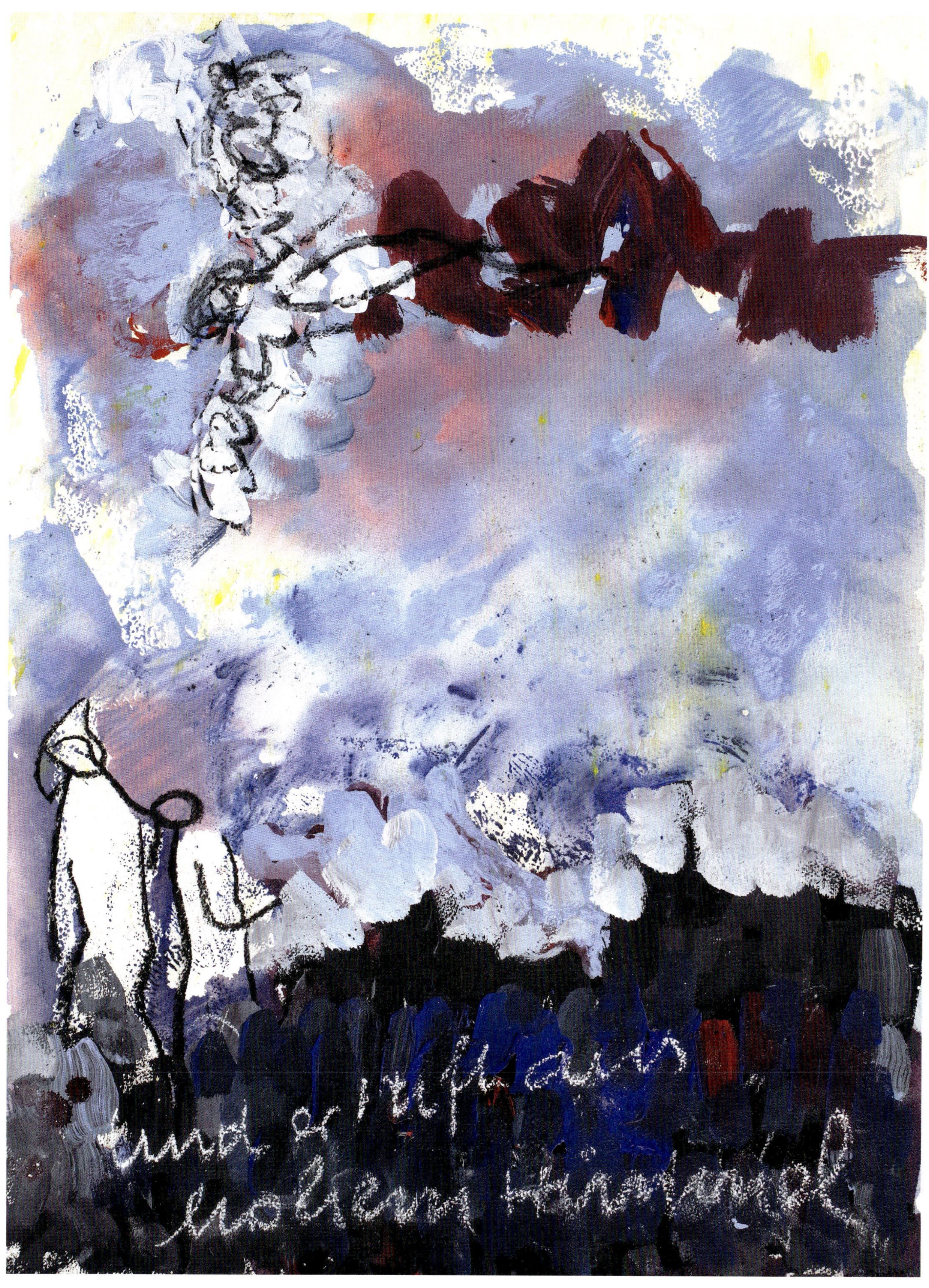
und er ritt auf
wolkenhimmel

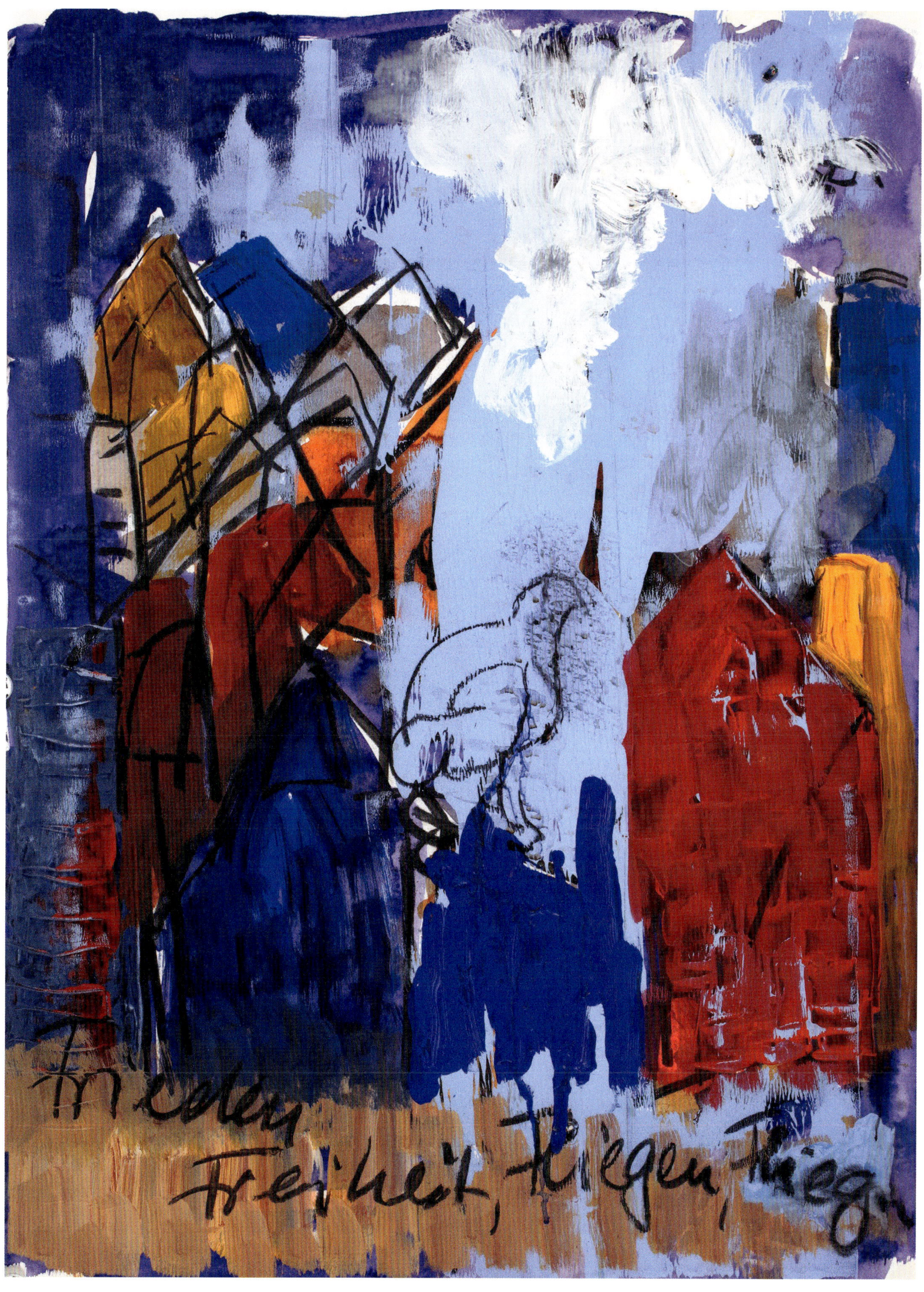

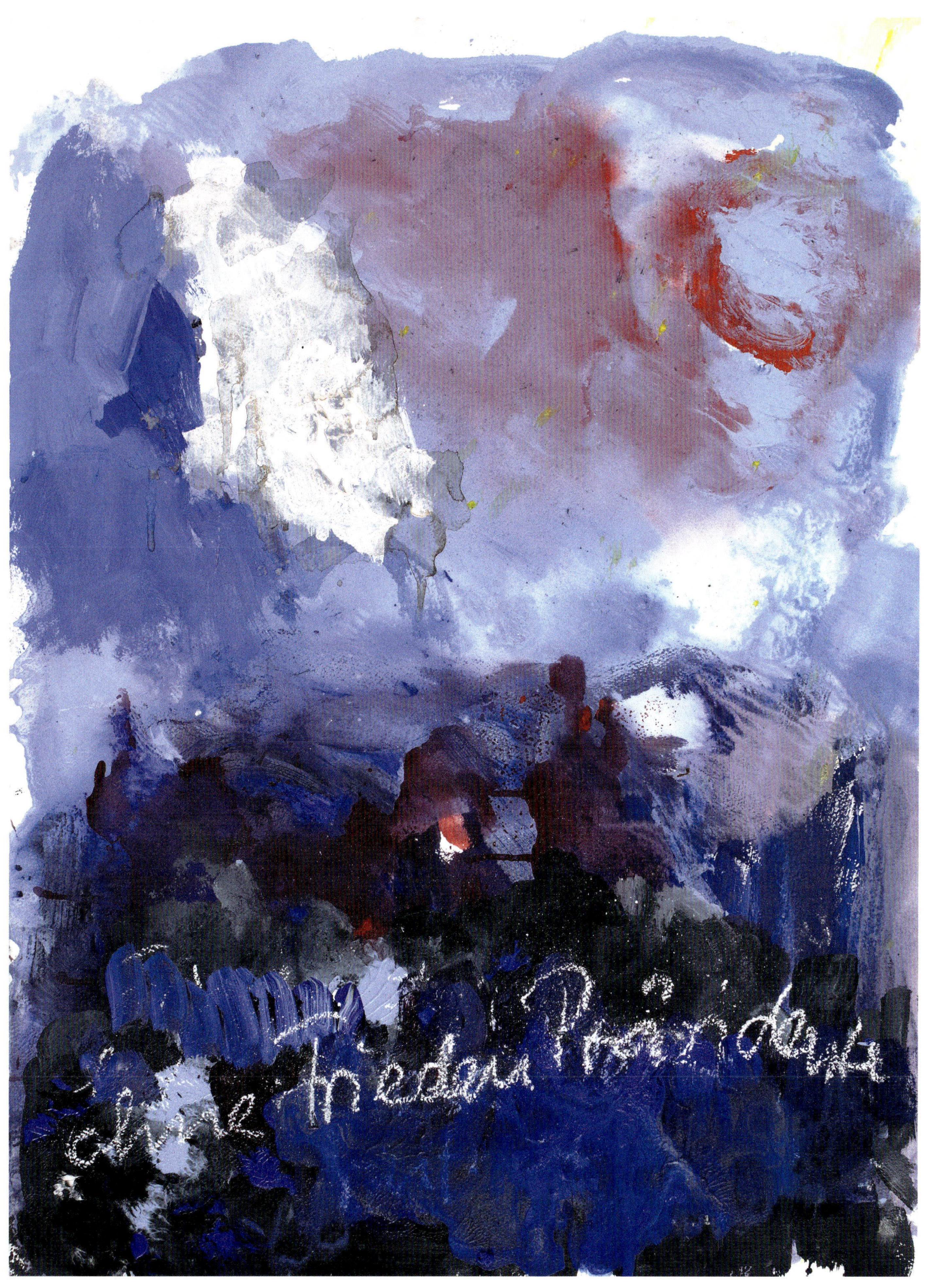

gibt es Kriege ohne Sieg

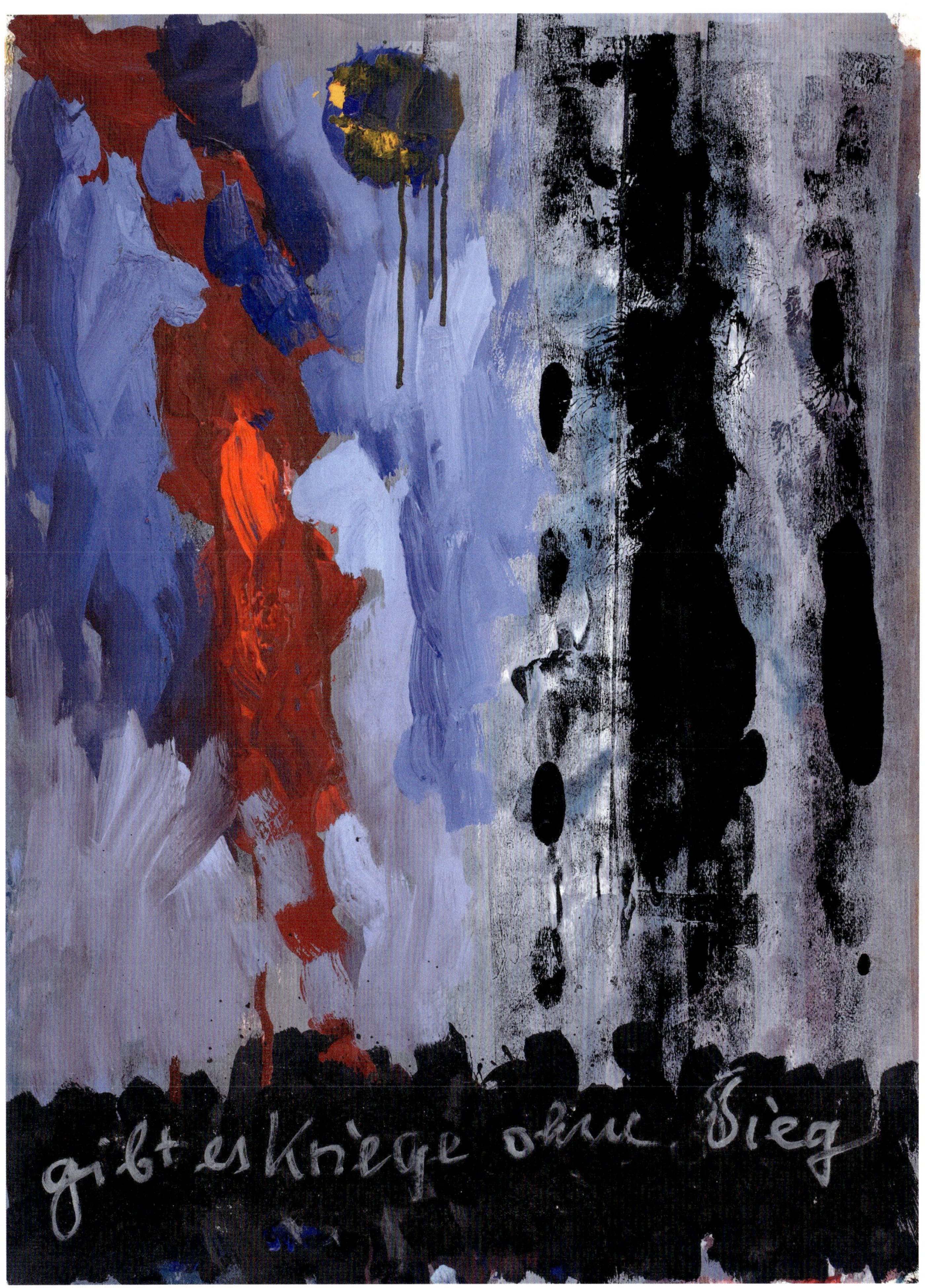
gibt es Kriege ohne Sieg

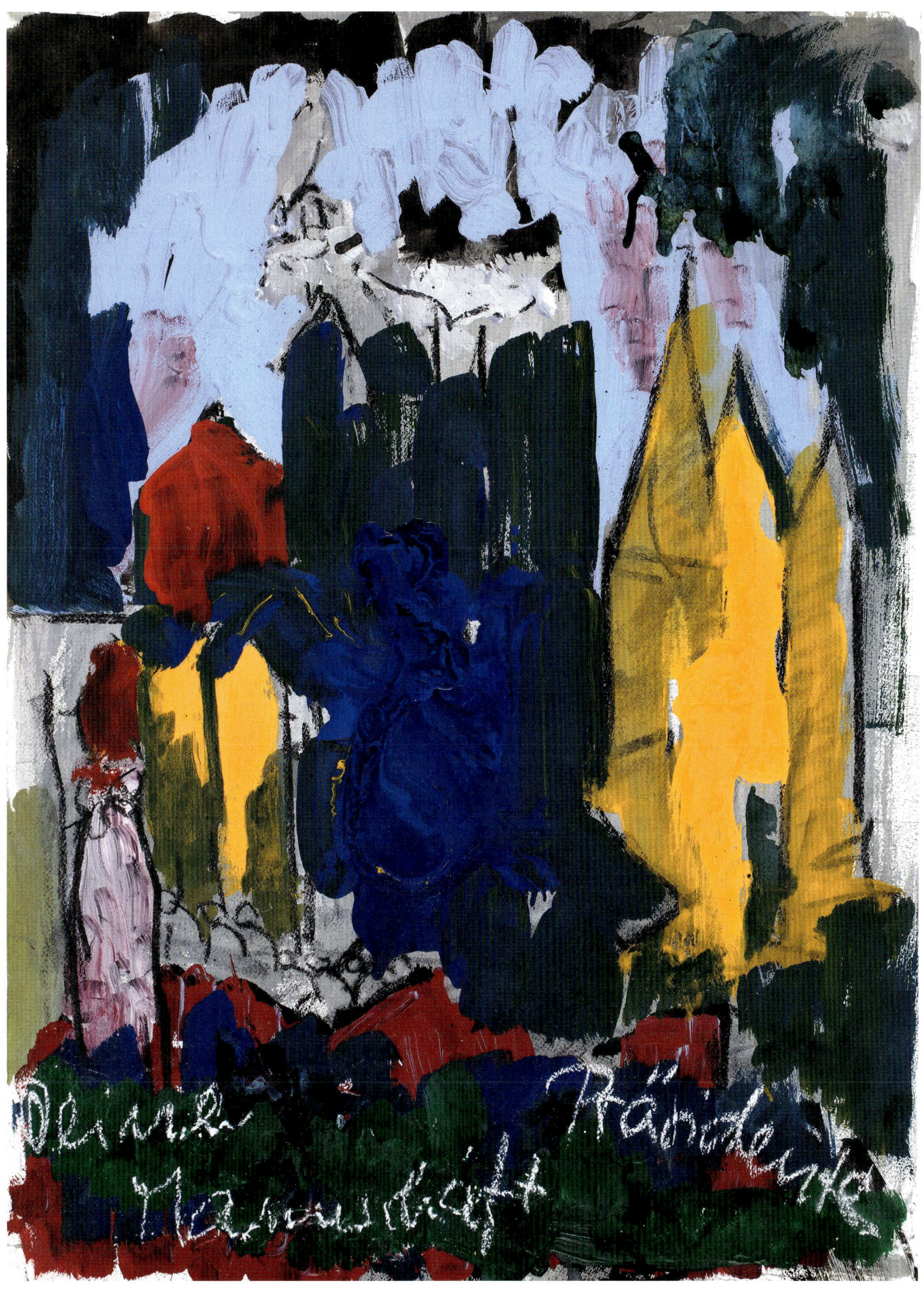

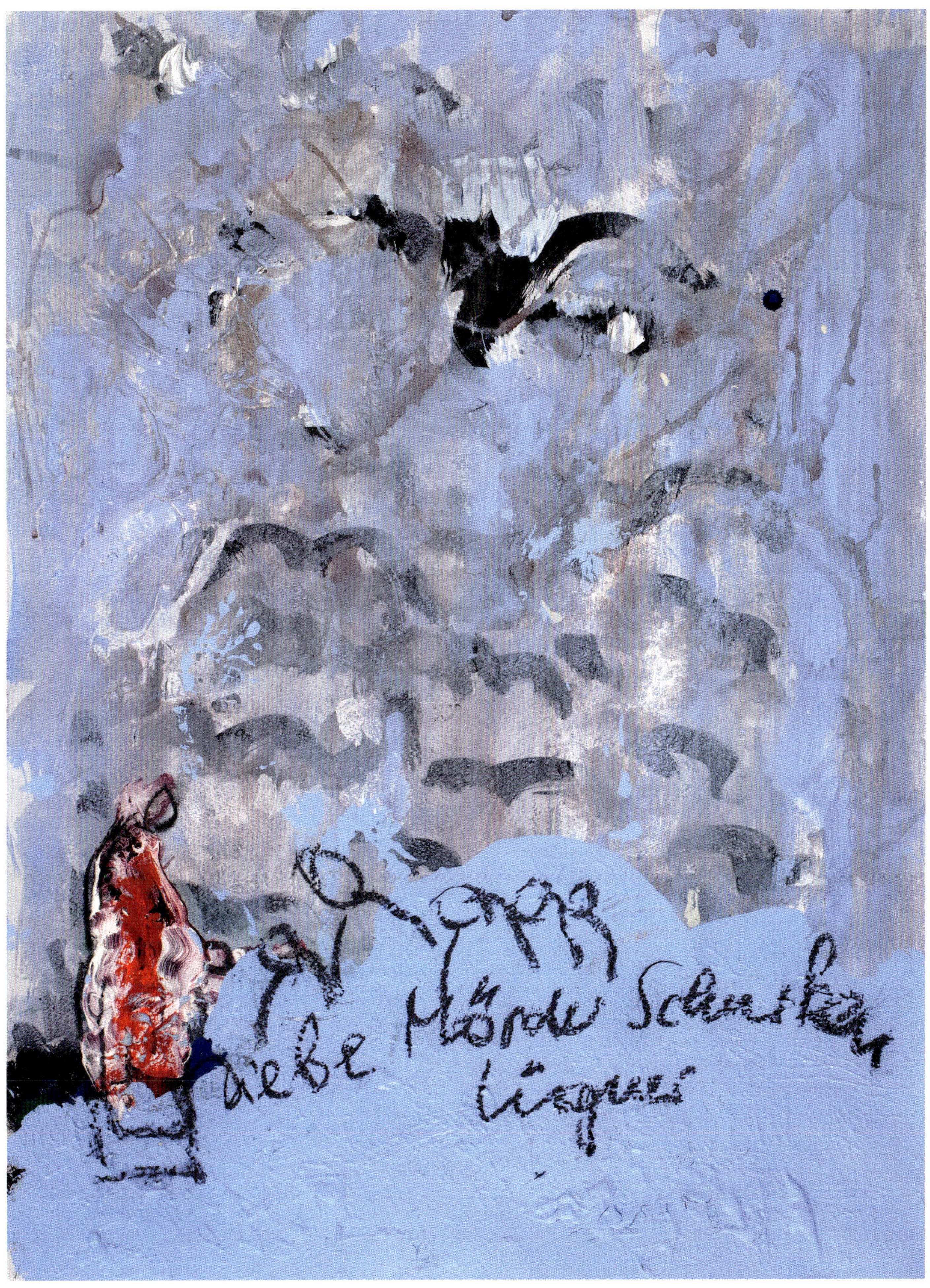
Liebe Mörder Schenken
lügen

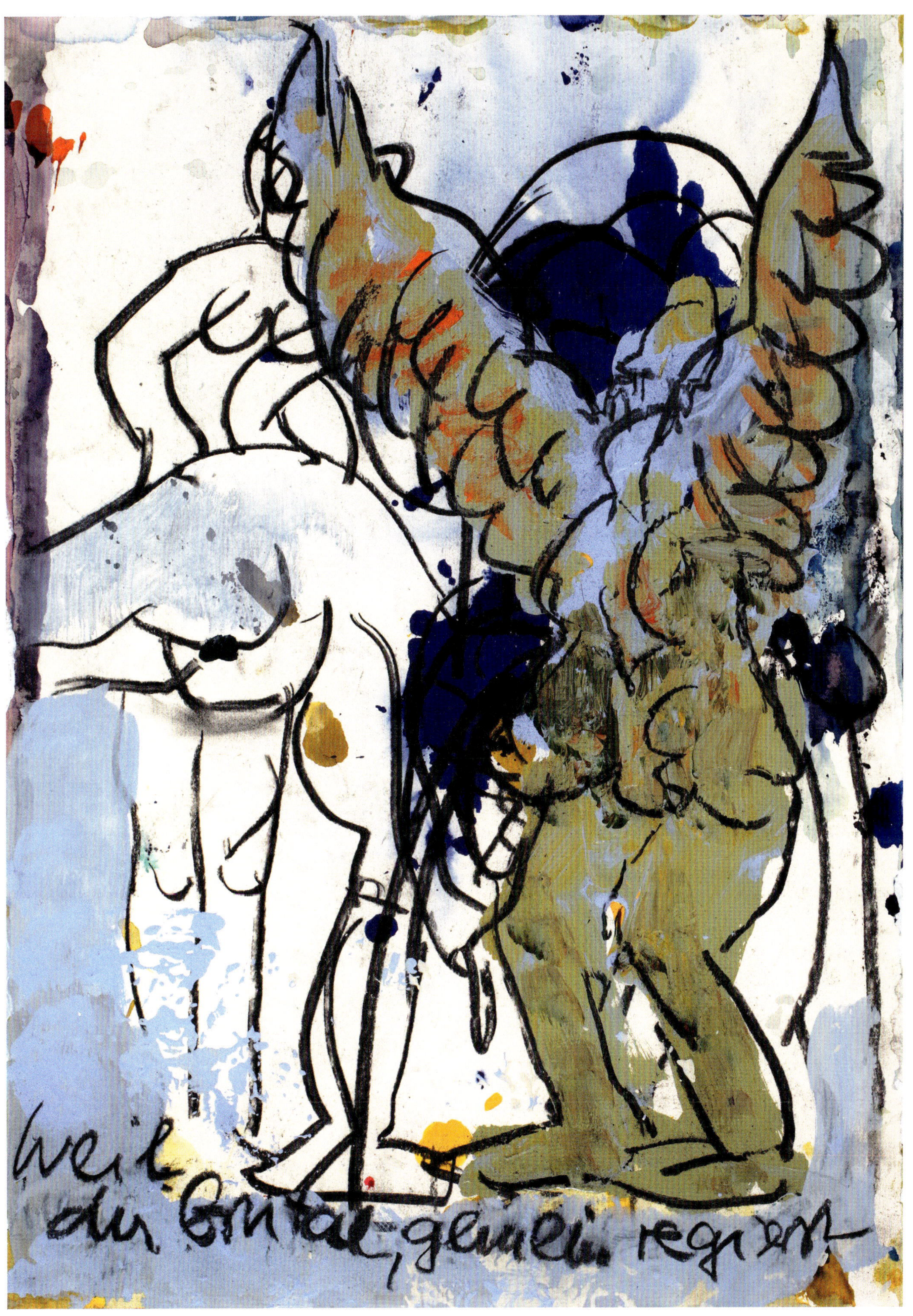
weil
du brutal, gemein regierst

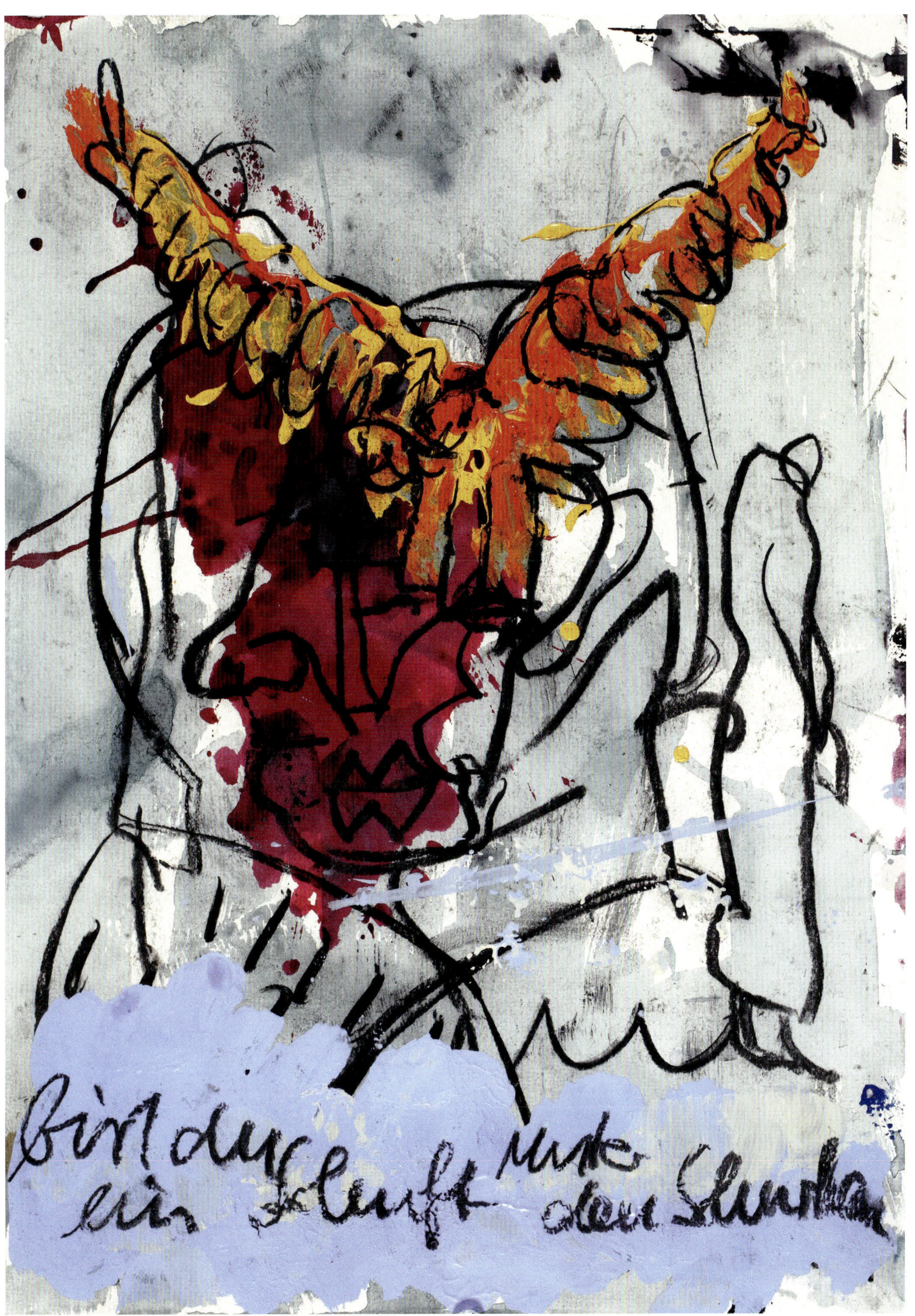

wird dein Volk dich unter Johlen

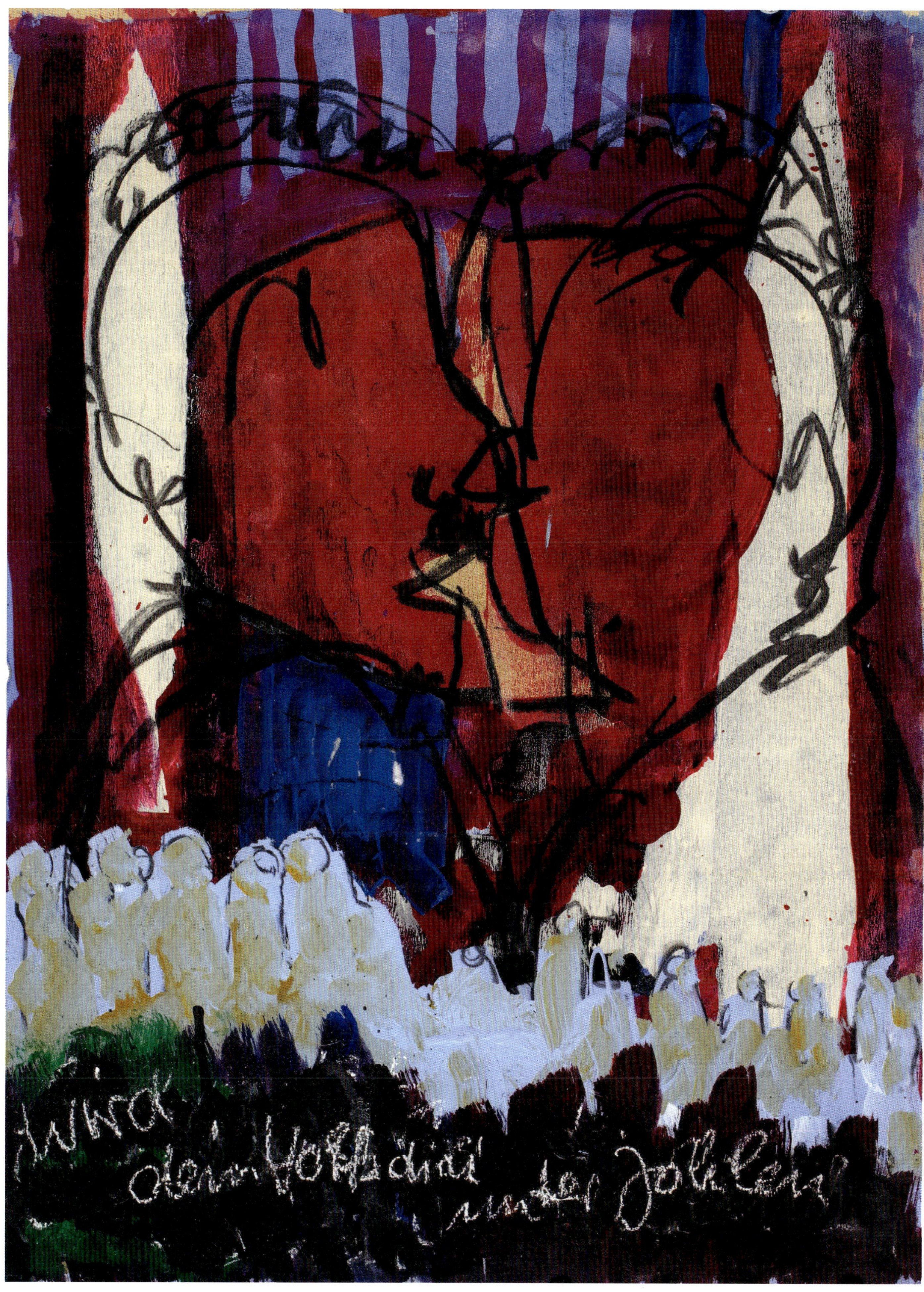
wird
dein Volk dich
unter Johlen

von dem Thron bald runterholen?

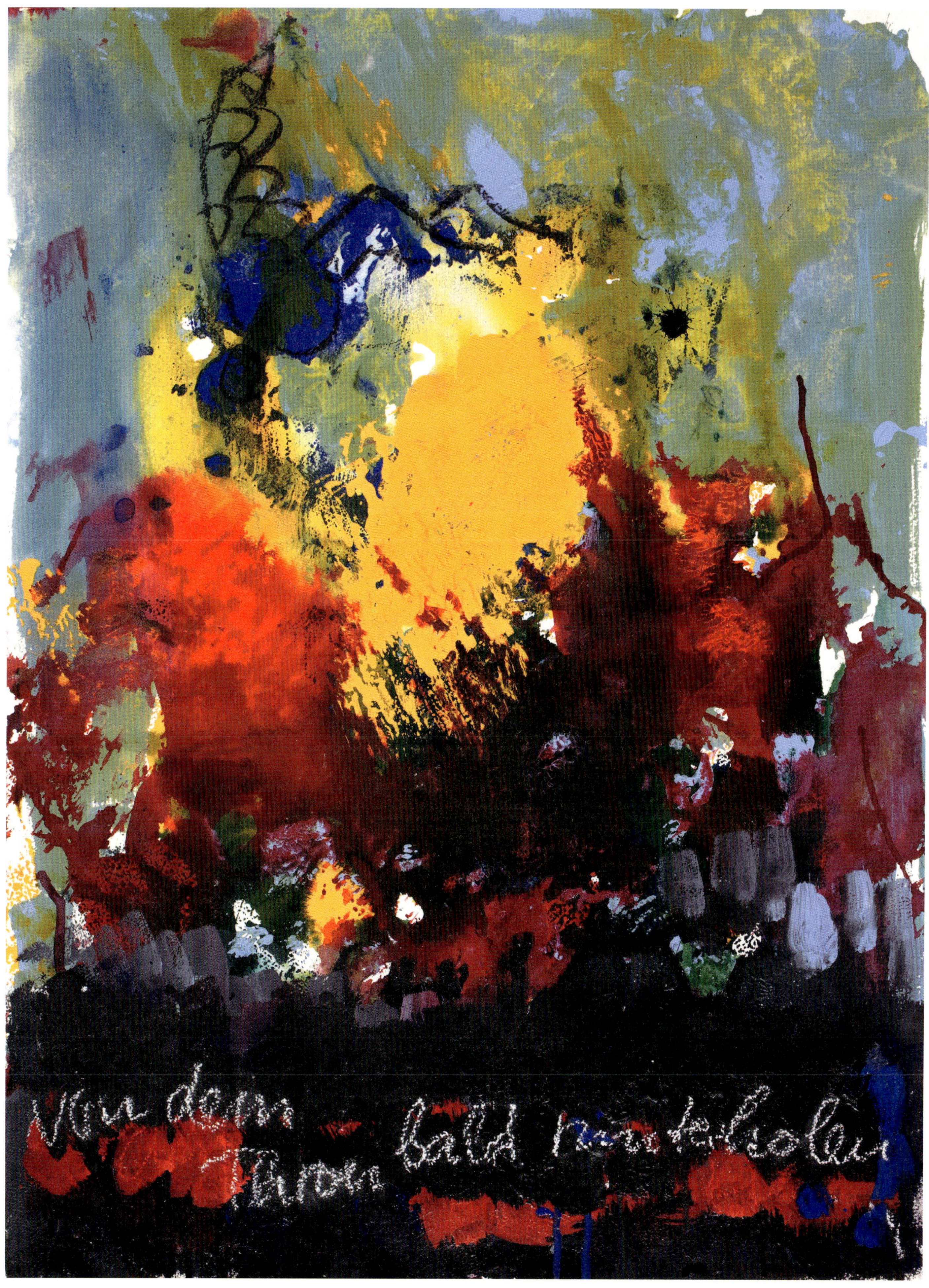
von dem Thron bald runterholen

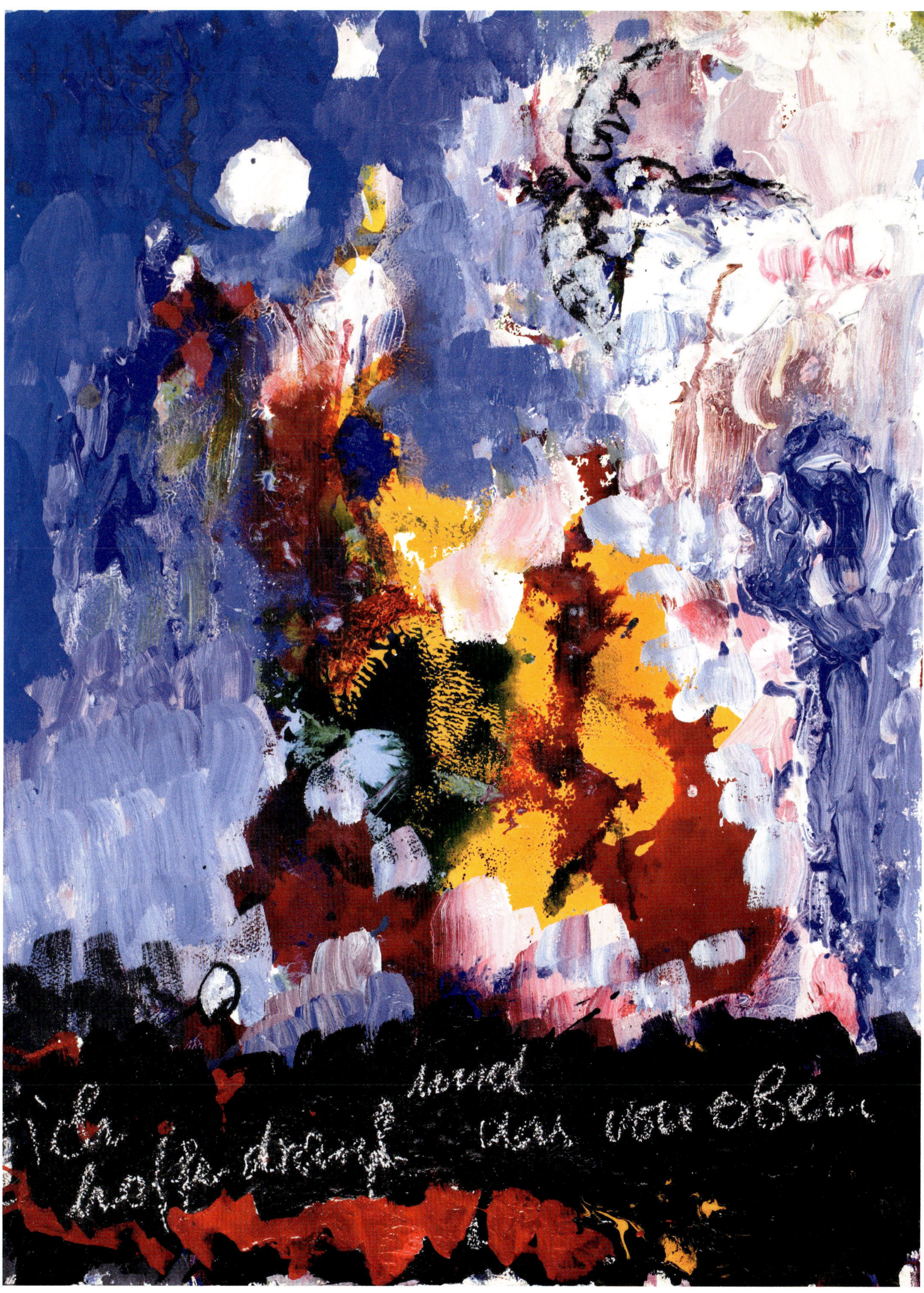
ich hoffe drauf
und
das von oben

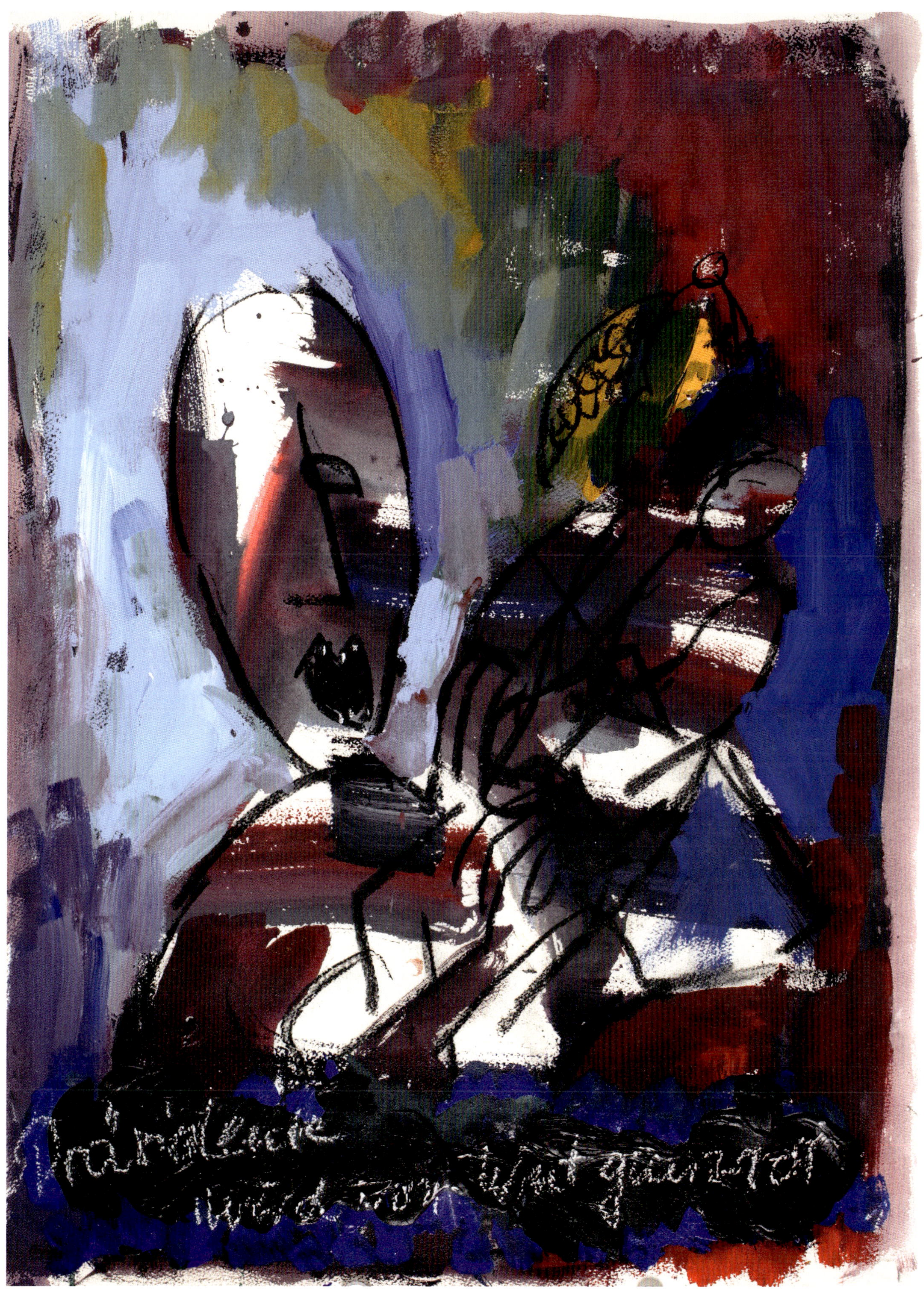

schlagt doch den Flieger endlich tot!

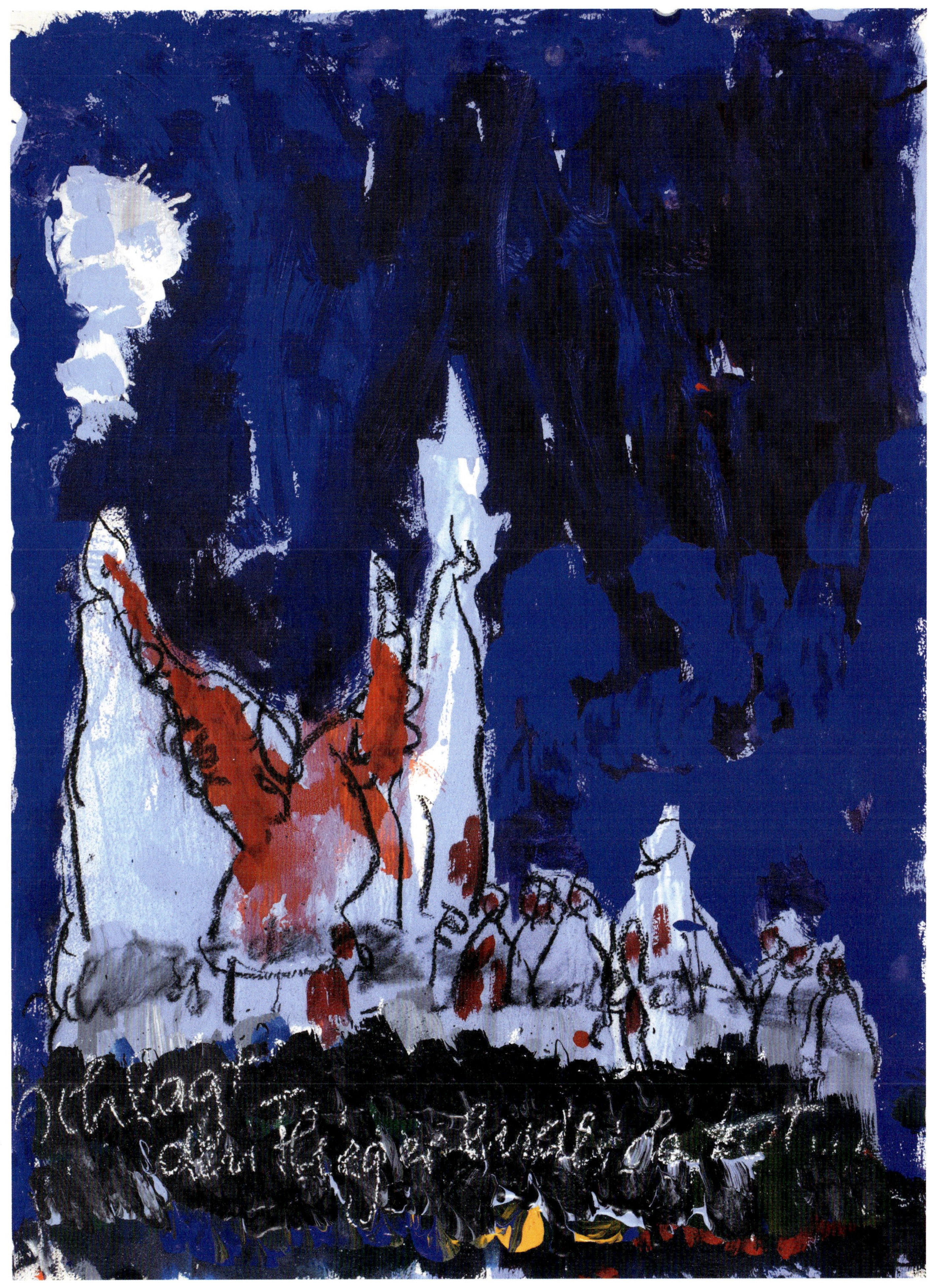

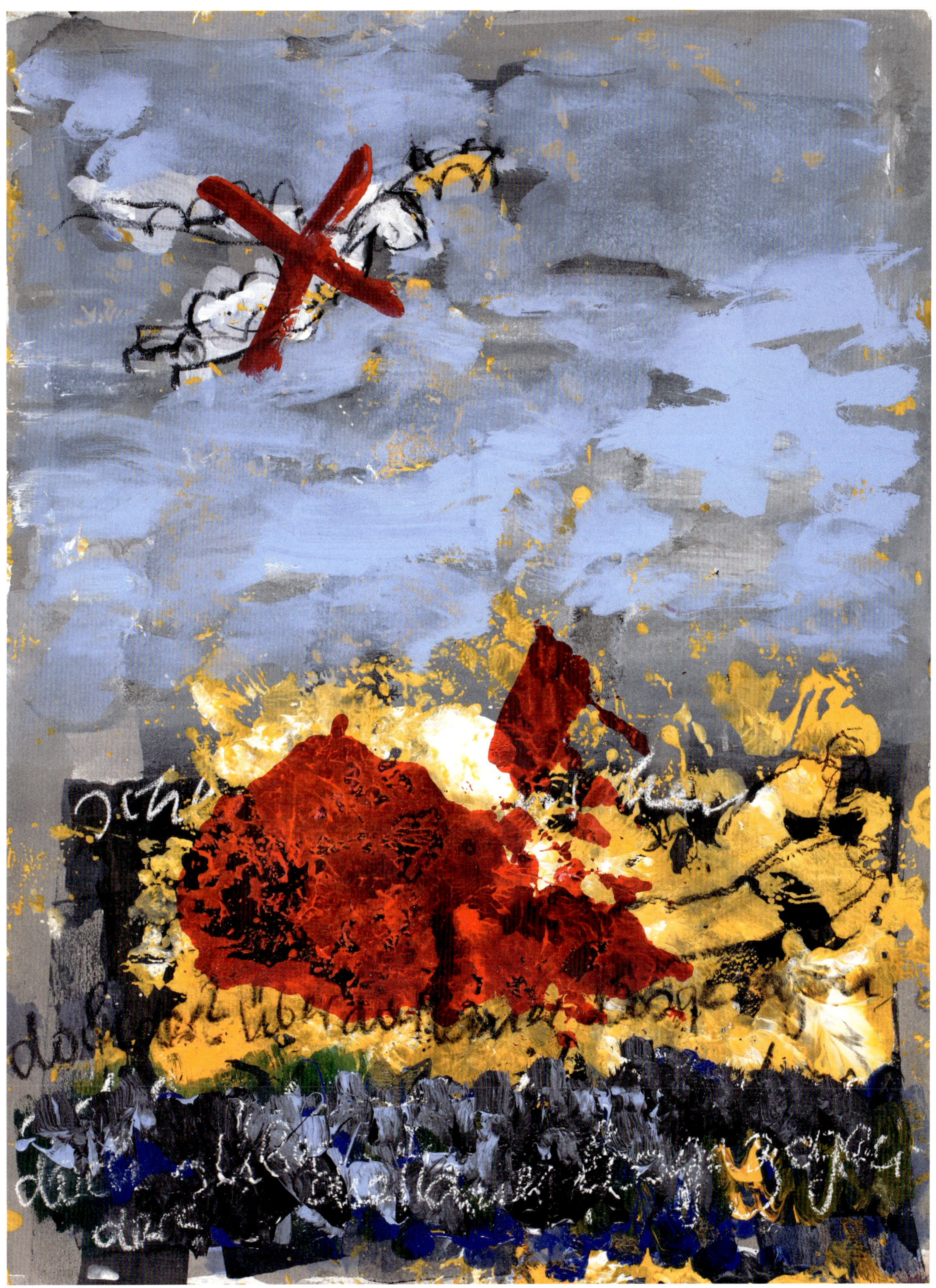

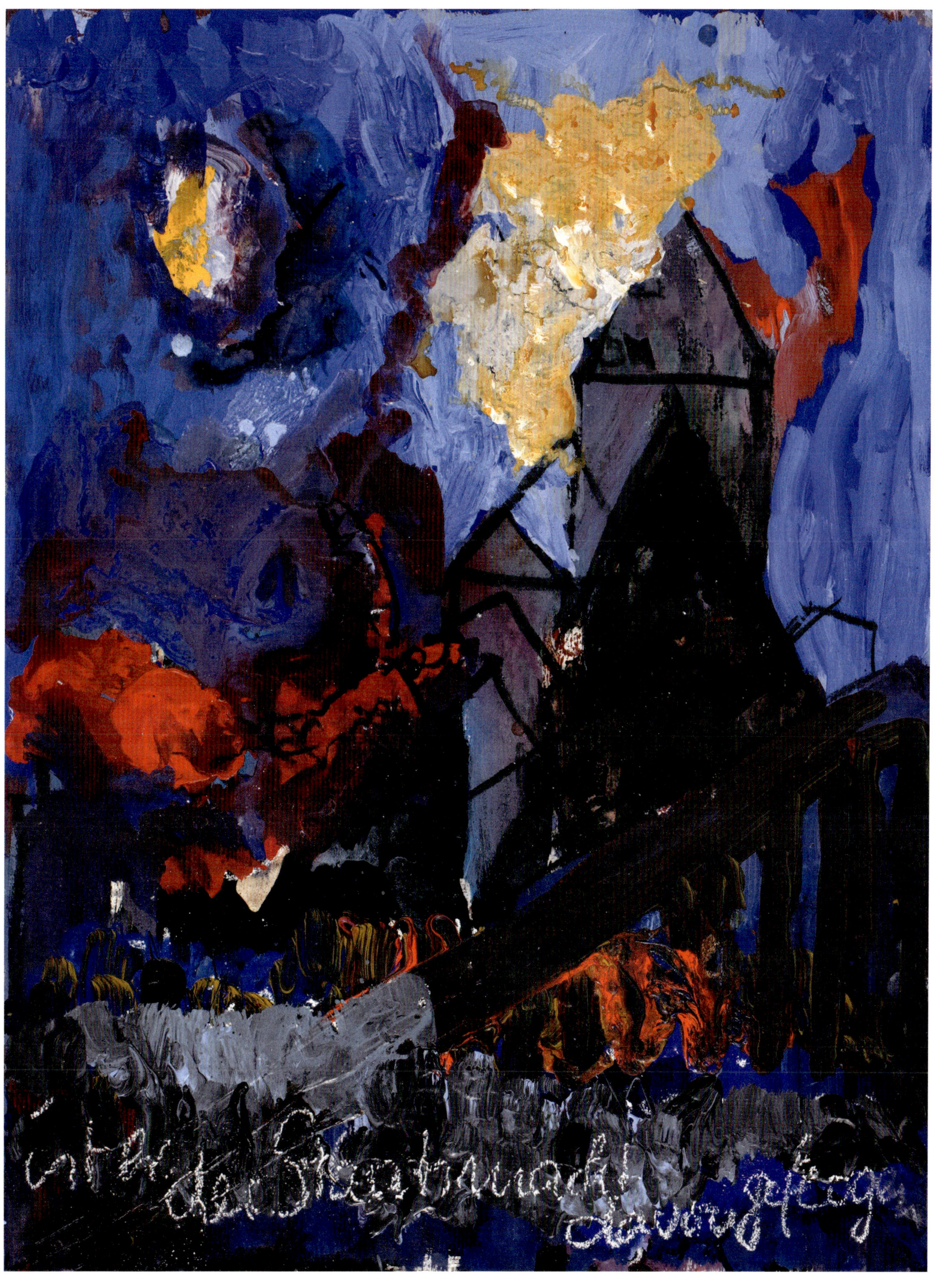

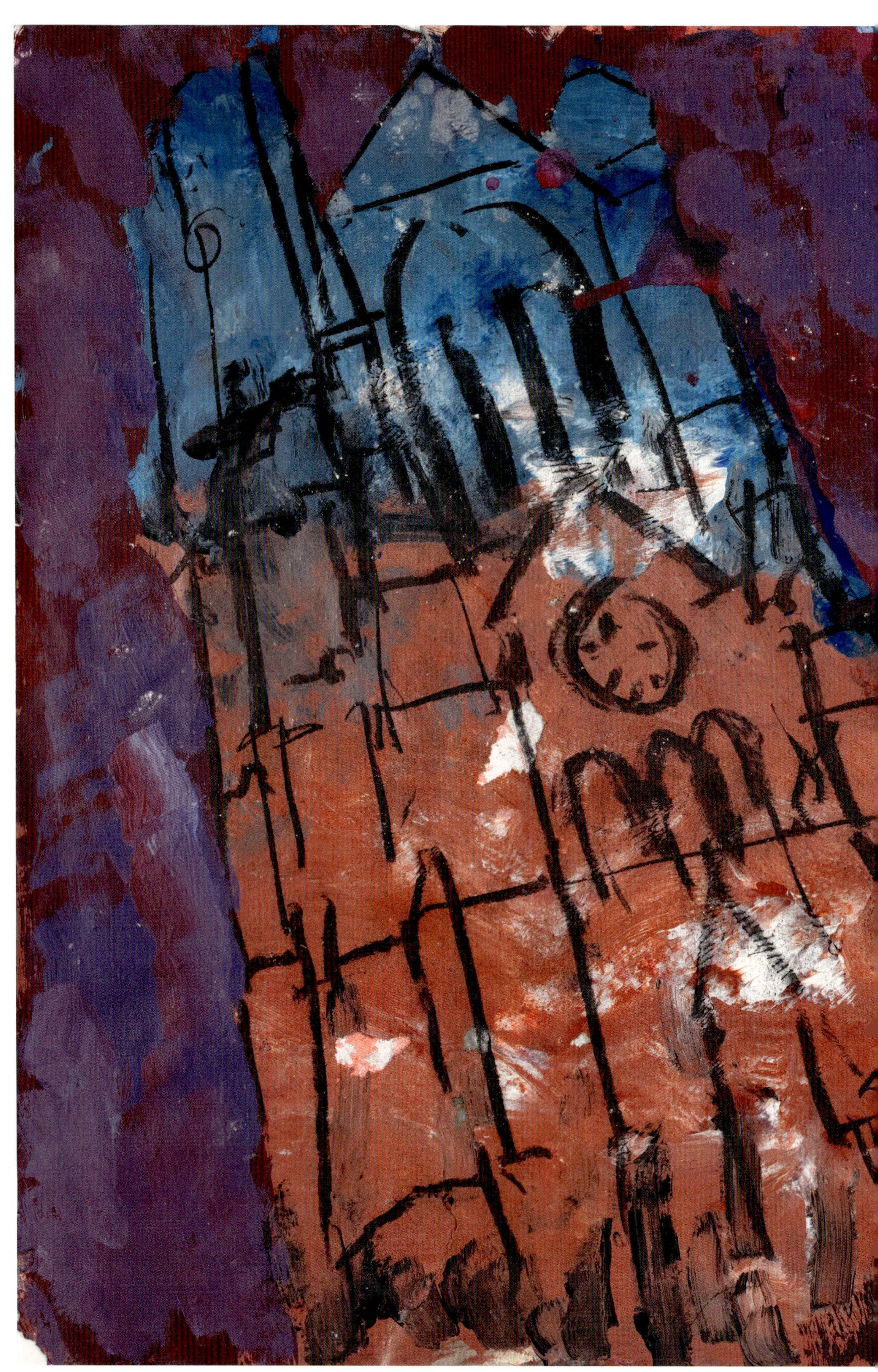

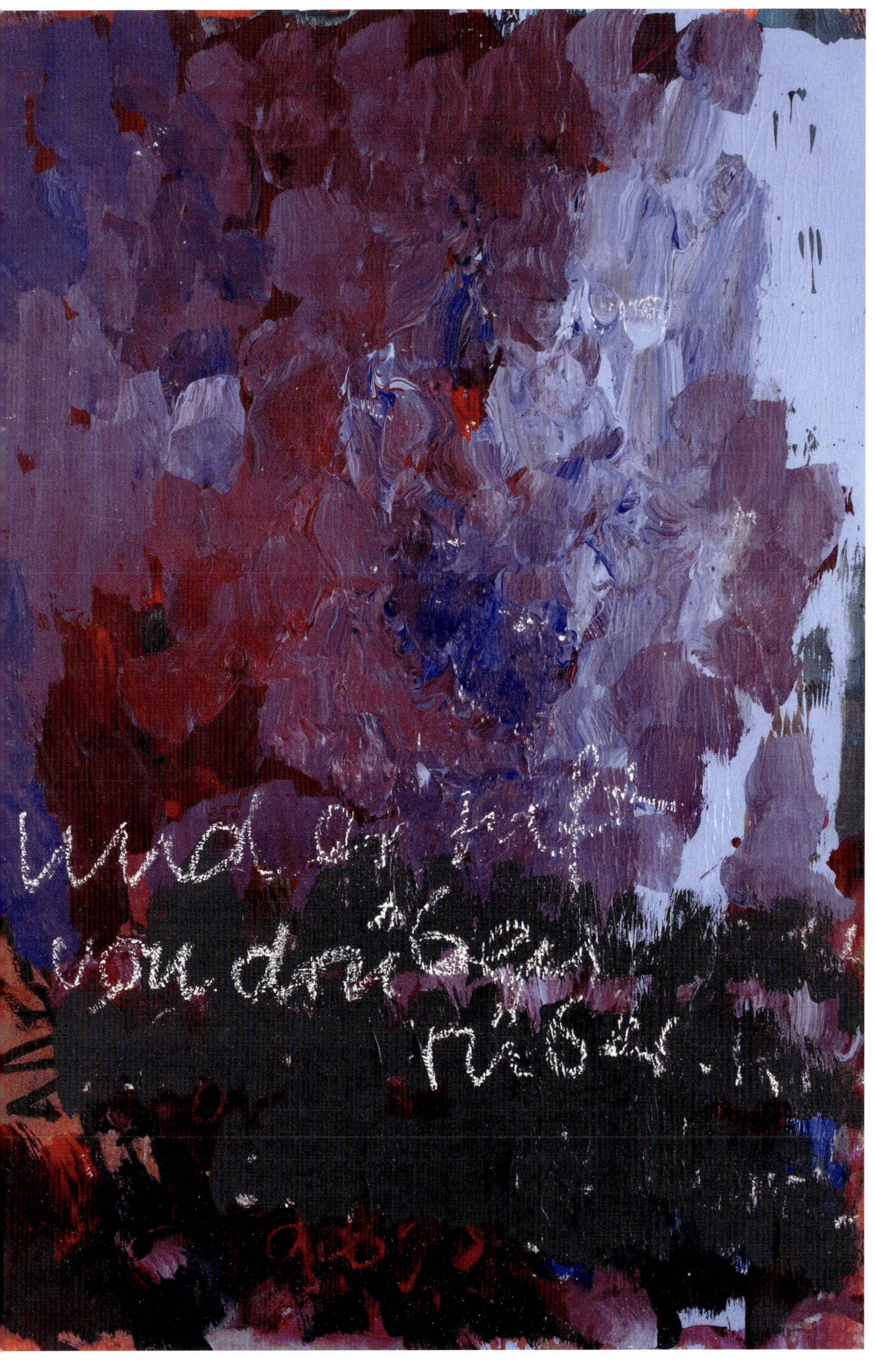
und er ruft
von drüben
rüber

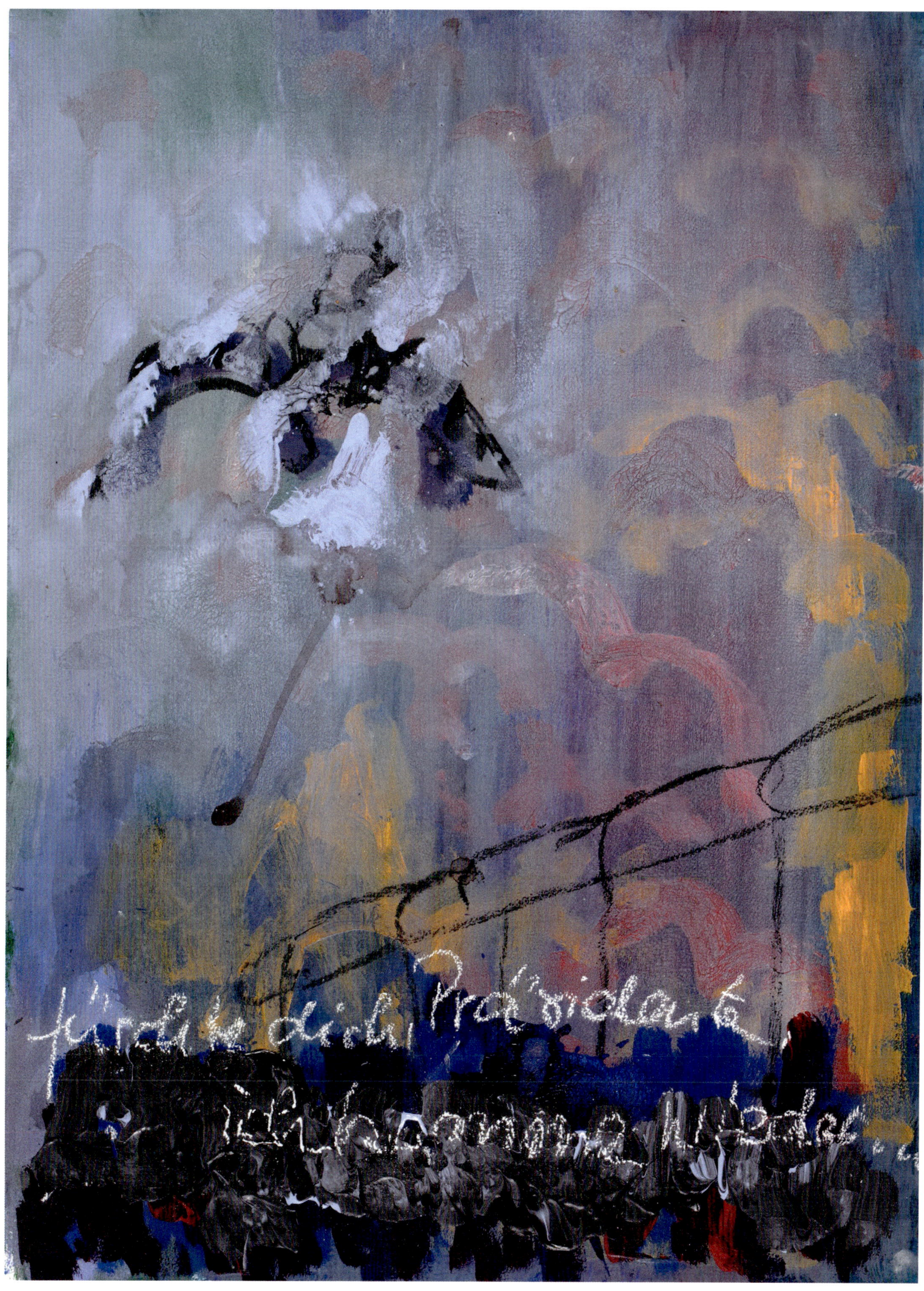
fürchte dich Präsident
ich komme wieder ..

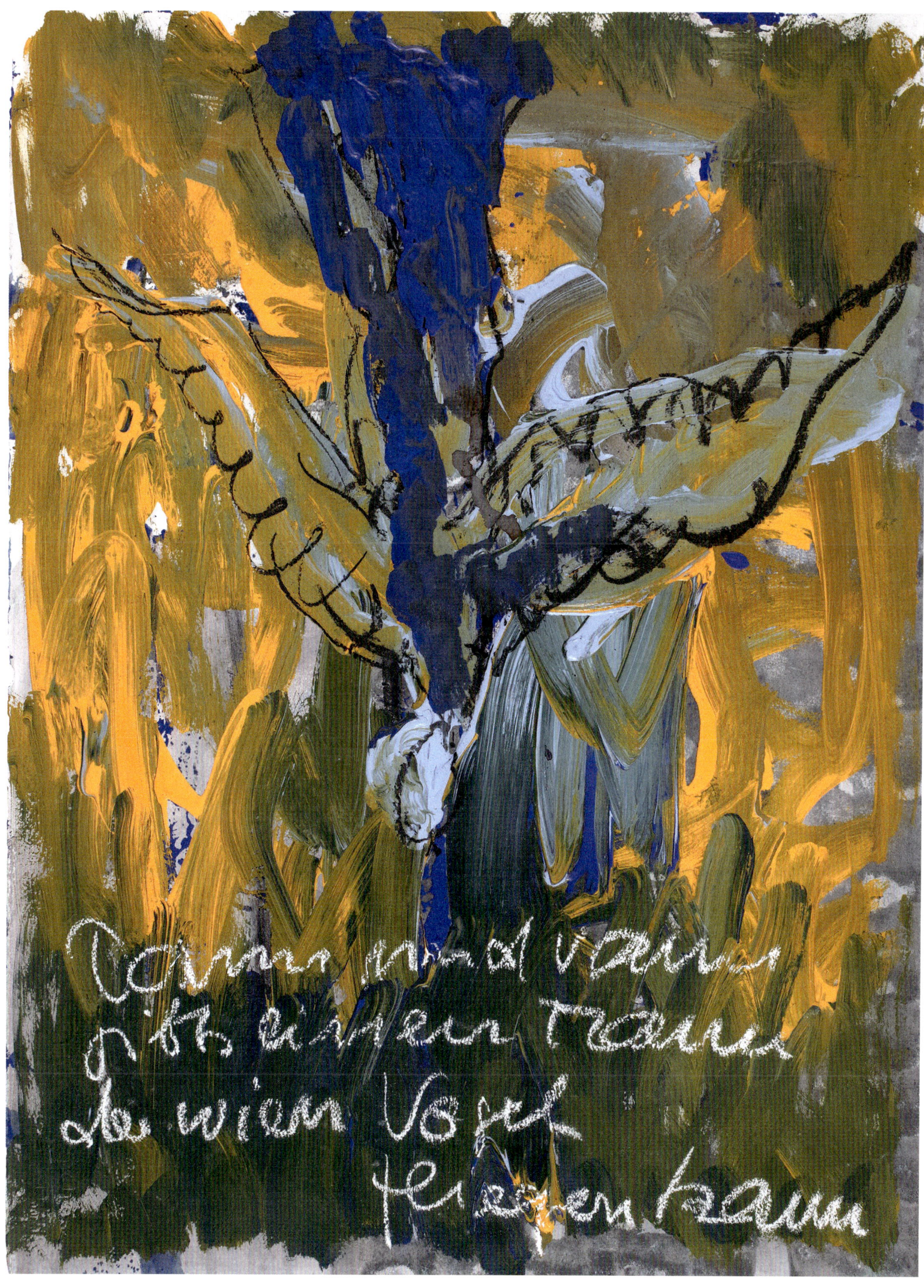
Dann und wann
gibt es einen Traum
da wie ein Vogel
fliegen kann

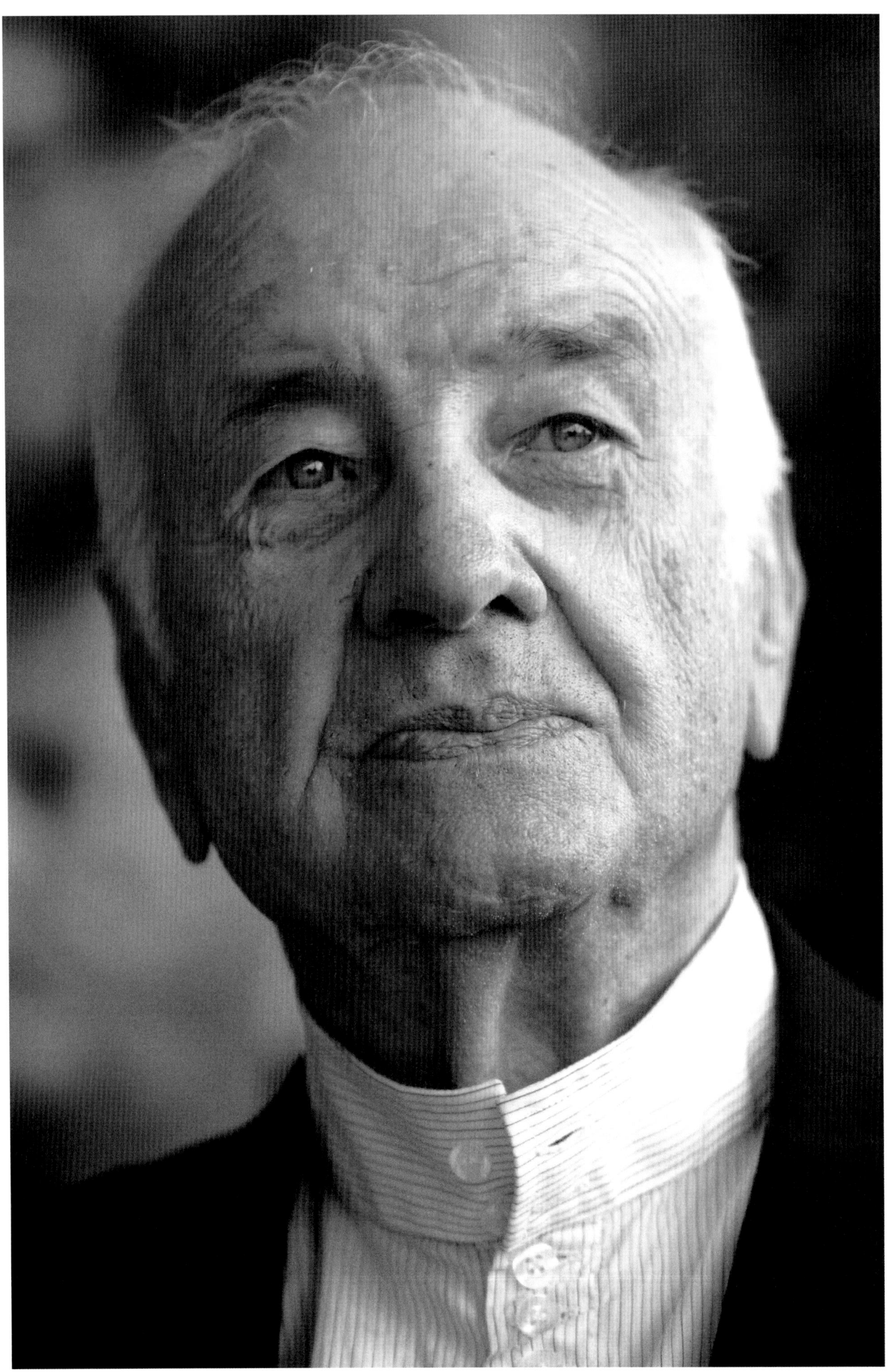

Biografie (Auszug)

17.12.1930

Geburt in Tilsit / Ostpreußen

1949

Musikstudium am Stern'schen Konservatorium, Berlin

1951

Schauspielunterricht und Hinwendung zur Malerei

1952

Theater am Schiffbauerdamm

1952

Malt das Bild *Skatrunde* (Öl auf Pappe)

1953

Abschluss des Musikstudiums Berliner Volksbühne

1956

Erste Spielfilmrolle *Heimliche Ehen*

1959/60

Theater, Fernsehen und Kino der DDR

1963

Kunstpreis der DDR

1964/65

Silberner Lorbeer des DDR-Fernsehfunks für seine Verkörperung des Wolfgang Pagel in *Wolf unter Wölfen*

1967/68

Konzertreisen nach Kopenhagen, Wien, Warschau, Kairo, West-Berlin

1972

Nationalpreis zweiter Klasse der DDR für *Die Verschworenen*

1975

Theodor-Körner-Preis (im Kollektiv) für seine Rolle als Stasi-Agent in *Das unsichtbare Visier*

1976

Unterzeichnung der Protestresolution von DDR-Künstlern gegen die Ausbürgerung Wolf Biermanns

1979

Ausreise aus der DDR, erste Rollen in Westdeutschland

1980

Veröffentlichung seines ersten Romans *Verordneter Sonntag*

Verdienstkreuz erster Klasse der Bundesrepublik Deutschland

1982

Bundesfilmpreis (Filmband in Gold) für seine Verkörperung des Bohm in Fassbinders *Lola*

1983

Deutscher Darstellerpreis: Chaplin-Schuh

1985

Darstellerpreis der Internationalen Filmfestspiele von Montreal für die Rolle des Bauern Leon in *Bittere Ernte*

Bundesfilmpreis (Filmband in Gold) für den Film *Oberst Redl*

Einladung des Hollywood-Agenten Paul Kohner nach Los Angeles

1991

Veröffentlichung seines Buches *Drehtage – »Music Box« und »Avalon«*

1992

Übersiedlung in die USA (Los Angeles, Marina del Rey)

Silberner Bär für die Darstellung des Baron Kaspar von Utz in *Utz*

Durchsicht seiner Stasi-Akten in der Gauck-Behörde in Berlin

1996

Golden Satellite für die Verkörperung des Peter Helfgott in *Shine*

Australischer Filmpreis für die beste Nebenrolle in *Shine*

1997

Veröffentlichung seiner Erinnerungen *Unterwegs nach Hause*

Oscar-Nominierung für seine Rolle des Peter Helfgott in *Shine*

Verleihung der Berlinale-Kamera für sein Lebenswerk

1998

Ehrendoktor des Spertus Institute for Jewish Studies in Chicago

2001/02

Veröffentlichung des Buches *Rollenspiel*, Texte und Malerei; ein während der Dreharbeiten zu *Die Manns* geführtes Tagebuch

Erste Lithografien auf Anregung des Galeristen Frank-Thomas Gaulin, Kunsthaus Lübeck

Lithografische Einzelblätter zum Thema »Biografische Bilderwelten«

Mappenwerk *Hamlet in Amerika*, 13 Lithografien zu einem Drehbuch des Künstlers

Grimme-Preis mit Gold für die Darstellung des Thomas Mann in *Die Manns – Ein Jahrhundertroman*

Bayerischer Filmpreis für die Darstellung des Thomas Mann in *Die Manns – Ein Jahrhundertroman*

Emmy (US-Oscar für Fernsehserien) für *Die Manns – Ein Jahrhundertroman* in New York

Buchveröffentlichung *Begegnungen* von Volker Skierka, Knesebeck Verlag

Bundesverdienstkreuz

2003

Mappenwerk 20 großformatige Lithografien zum *Urfaust* (mit Katalog)

2004

Aufnahme der vier grafischen Mappenwerke in die Sammlung des Landesmuseums für Kunst- und Kulturgeschichte Schloss Gottorf, Schleswig

Großes Verdienstkreuz der Bundesrepublik Deutschland

Mappenwerk *Night on Earth – Day on Earth*, Zyklus mit 21 Lithografien zum Film *Night on Earth* von Jim Jarmusch (mit Katalog)

2005

Preis »kultur aktuell« der HSH-Nordbank und des Landeskulturverbandes für das grafische Werk

Preis der DEFA-Stiftung für seine Verdienste um den deutschen Film

Veröffentlichung des Buches *Venice – Ein amerikanisches Tagebuch*

2006

Verleihung der Carl-Zuckmayer-Medaille des Landes Rheinland-Pfalz

Veröffentlichung des Buches *Kettenkarussell* von A. Mueller-Stahl, Aufbau Verlag

Veröffentlichung des Buches *Unterwegs nach Hause* von A. Mueller-Stahl, Aufbau Verlag

Veröffentlichung des Buches *Portraits* von A. Mueller-Stahl, Aufbau Verlag

2007

Verleihung des Deutschen Filmpreises (Ehrenpreis für hervorragende Verdienste um den deutschen Film)

Verleihung des Bild Osgar

Gestaltung der Künstlerausgabe des Brockhaus

Film *Die Buddenbrooks*

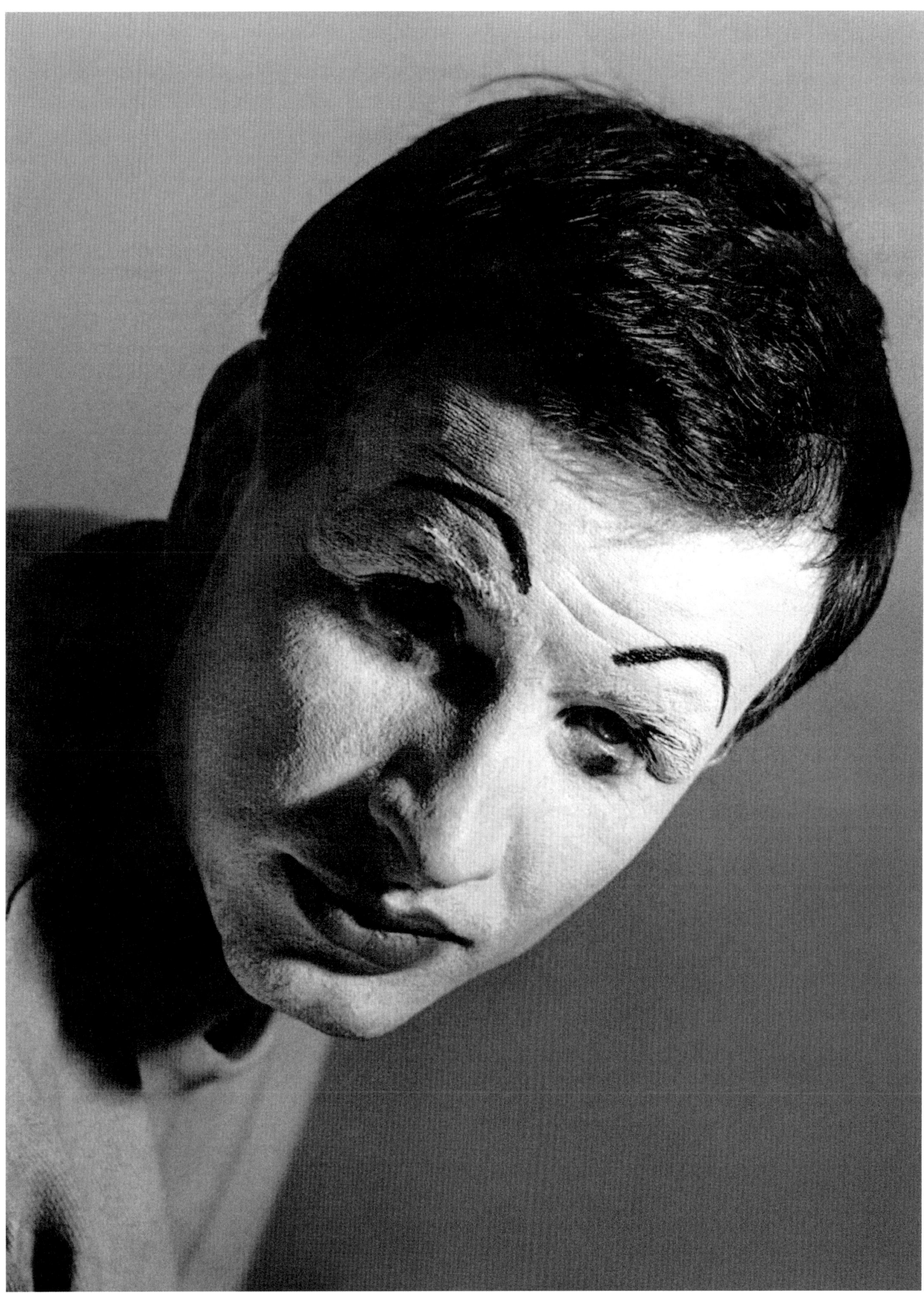

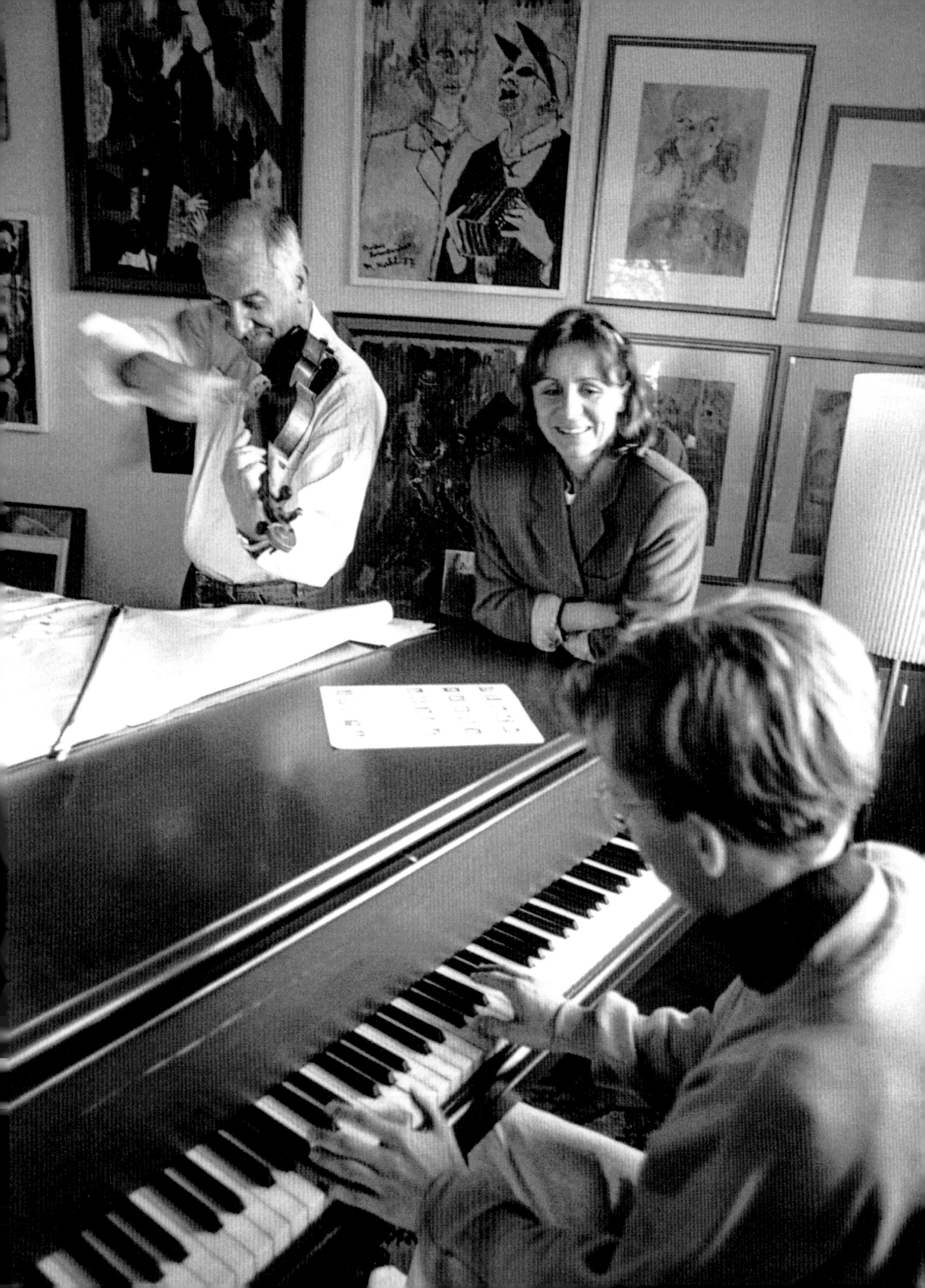

Veröffentlichung des Buches *Die Buddenbrooks – Übermalungen eines Drehbuchs*, Henschel Verlag

Veröffentlichung des Buches *Hannah*, Aufbau Verlag

Veröffentlichung des Buches *Utz*, Braus Verlag

2008

Großes Bundesverdienstkreuz mit Stern

Genie Award der kanadischen Film- und Fernsehakademie (kanadischer Oscar) als bester Nebendarsteller in *Tödliche Versprechen*

2009

Ehrung für das Lebenswerk, Berlinale

2010

Landesverdienstorden des Landes Nordrhein-Westfalen

Veröffentlichung des Buches *Die Jahre werden schneller: Lieder und Gedichte* von A. Mueller-Stahl, Aufbau Verlag

Monografie Armin Mueller-Stahl, Werkmonografie der Malerei und Zeichnungen, Edition Braus

Armin Mueller-Stahl: Die Biografie, von Gabriele Michel, Aufbau Verlag

Armin Mueller-Stahl: Die Biografie, von Volker Skierka, Langen/Müller Verlag

Ehrenbürger des Landes Schleswig-Holstein

2011

Ehrenbürger der Stadt Tilsit

Ehrenstipendiat für Malerei der Villa Massimo, Rom

Goldene Kamera für das Lebenswerk

Bambi für das Lebenswerk

Goldener Bär für das Lebenswerk

2013

Platin-Romy für das Lebenswerk, Wien

Europäischer Kulturpreis Pro Arte

Europäischer Kunst- und Filmbiennale-Preis, Worpswede

2014

Ehrenpreis des 35. Bayerischen Filmpreises

Askania Award 2014

Lifetime Achievement Award, Portland German Film Festival

»Ehrenleopard« für das Lebenswerk, 67. Internationales Filmfestival, Locarno

Buch *Dreimal Deutschland und zurück*, von A. Mueller-Stahl. Biografische Erzählung, aufgeschrieben von Andreas Hallaschka, Verlag Hoffmann und Campe

Buch *Arbeiten auf Papier*, Hatje Cantz Verlag

2016

The Washington Jewish Film Festival: Visionary Award

Deutscher Schauspielerpreis 2016: Ehrenpreis für das Lebenswerk

Veröffentlichung des Buches *Die Blaue Kuh*, Hatje Cantz Verlag

2018

Mappenwerk *Shakespeares Mädchen und Frauen* mit neun Farbsiebdrucken

Einzelausstellungen (Auswahl)

2001

Erste Ausstellung von Malerei und Zeichnungen, Filmmuseum, Potsdam

2001

Buddenbrookhaus und Kulturforum Museum Burgkloster, Lübeck, Kunsthaus Lübeck (mit Katalog)

Büchergilde Gutenberg, Bremen

Einzelausstellung von Malerei und Zeichnungen, Galerie Rolf Kallenbach, München

2003

Kulturhistorisches Museum, Stralsund

Galerie Börges, Bremerhaven

Stadt- und Industriemuseum und Galerie am Dom, Wetzlar

Rathaus Wallenhorst

Festival Mitte Europa, Städtische Galerie e. o. plauen, Plauen

2004

Kunstraum Akademie, Stuttgart

Casa di Goethe, Rom

Wenzel Hablik Museum, Itzehoe

Landesmuseum für Kunst- und Kulturgeschichte Schloss Gottorf, Schleswig

Kulturbund Altenburger Land, Altenburg

Galerie Abrahams, Hamburg

Heidelberger Kunstverein

2005

Municipal Art Gallery, Barnsdall Art Park, Los Angeles

Manus Presse, Stuttgart

Herzog August Bibliothek, Wolfenbüttel

Ostholstein-Museum, Eutin (mit Katalog)

Kunsthalle Kühlungsborn

2006

Zyklus *Urfaust*, Museum der bildenden Künste, Leipzig

Kunstverein »Talstraße« e. V., Halle

Museen der Stadt Meiningen (mit Katalog)

Grafische Zyklen, Kunsthaus Lübeck

Museum Schloss Güstrow (mit Katalog)

2007

Museum für Kunst und Gewerbe, Hamburg zum Buch *Utz*

Kunsthalle Mannheim

Theatergalerie Bremen (mit Katalog)

Kunstforum Altes Rathaus, Potsdam (mit Katalog)

Art Karlsruhe One artist-show, Kunsthaus Lübeck

2008

Galerie umění Karlovy Vary, Karlsbad / Tschechei (mit Katalog)

Kunststation Kleinsassen, Hofbieber-Kleinsassen / Rhön (mit Katalog)

Landesmuseum Schloss Gottorf (Internationaler Museumstag)

Frank-Loebsches-Haus, Landau in der Pfalz (mit Katalog)

Kunstverein Wasgau, Dahn

Art Karlsruhe, Kunsthaus Lübeck

2009

Museum Schloss Burgk

Weidener Kulturtage

Landesmuseum für Kunst- und Kulturgeschichte Schloss Gottorf, Schleswig

Kunstverein Geldern

Städtisches Museum, Göttingen

NRW-Forum Düsseldorf

Galerie Ketterer, München

Horst-Janssen-Museum, Oldenburg

Sparkassenstiftung Schleswig-Holstein, Kiel (mit Katalog Ars borealis)

2010

Baden-Württembergische Bank, Stuttgart

Art Karlsruhe One-artist-show, Kunsthaus Lübeck

Ostholstein-Museum, Eutin (mit Katalog)

Städtische Galerie »Leerer Beutel«, Regensburg (mit Katalog)

Schloss Wackerbarth, Radebeul

Historisches Museum der Stadt Sowetsk (Tilsit)

2010

Kunsthalle Ammersee, Seefeld

»spinart« One-artist-show Malerei, Kunsthaus Lübeck in der Baumwollspinnerei Leipzig

Stadt Neumarkt i. d. OPf. und Galerie Herrmann

Kunsthalle Kühlungsborn

2011

Ausstellung im Schleswig-Holsteinischen Landtag

Galerie am Dom, Wetzlar

Kunstverein Villa Böhm, Neustadt an der Weinstraße (mit Katalog)

Galerie der Braunschweigischen Landessparkasse, Braunschweig

Galerie Thomas Kaphammel, Braunschweig

Kunstverein Dissen

Art Karlsruhe One-artist-show, Kunsthaus Lübeck

Kunstraum Potsdam / Filmmuseum Potsdam Doppelausstellung mit Jürgen Böttcher-Strawalde (mit Katalog)

2012

Stiftung Burg Kniphausen, Burg Kniphausen, Wilhelmshaven (mit Katalog)

VW-Forum unter den Linden, Berlin (mit Katalog)

Art Karlsruhe One-artist-show, Kunsthaus Lübeck

Christian Hohmann Fine Art, Palm Desert, Paintings, Works on Paper and Fine Prints

Galerie Noah, Augsburg

Kunstmuseum Solingen

Marktkirche Goslar

Galerie Anders, Lünen

Siegfried Museum, Xanten mit Kunsthandel Koenen

2013

Kulturkirche Neuruppin (mit Katalog)

Art Karlsruhe One-artist-show, Kunsthaus Lübeck

Kunsthaus Hänisch, Kappeln

Ballenlager im Kulturzentrum Greven

Hanse-Office Brüssel (gemeinsame Vertretung der Freien und Hansestadt Hamburg und des Landes Schleswig-Holstein bei der EU)

Bruckner-Haus Linz (mit Katalog)

Kunststation Kleinsassen

2014

Art Karlsruhe One-artist-show, Kunsthaus Lübeck / Kunsthalle Schloss Seefeld, Bayern

Galerie Herrmann und im Kulturhaus Reitstadl, Neumarkt

Bikini-Haus, Gallery Weekend Berlin mit Hatje Cantz Verlag

Galerie Kersten, Brunnthal bei München

Schloss Achberg, Ravensburg: Gemeinschafts-ausstellung mit Margarita Broich, Günter Grass, Udo Lindenberg und Alissa Walser (mit Katalog)

Kulturzentrum Kolvenburg Billerbeck, Kreis Coesfeld

Stadtmuseum Siegburg

Kunsthalle Kühlungsborn

Galerie im Taschenbergpalais, Dresden

Galerie Bäumler, Regensburg

Art Fair Köln One-artist-show

2015

Art Karlsruhe One-artist-show, Kunsthaus Lübeck

Art Karlsruhe One-artist-show, Kunsthalle Schloss Seefeld, Bayern

Kunsthalle Brennabor, Brandenburg (mit Katalog)

Gemeinschaftsausstellung Stadtmuseum Siegburg

Galerie Richter, Lütjenburg

Galerie Peters-Barenbrock, Ahrenshoop

Orangerie, Fürst-Pückler-Park, Bad Muskau (mit Katalog)

Fabrik der Künste, Hamburg

Schleswig-Holstein-Haus, Schwerin

Ostholstein-Museum, Eutin (mit Katalog)

2016

Art Karlsruhe One-artist-show, Kunsthaus Lübeck

Galerie Herrmann, Neumarkt

Galerie Palz, Saarlouis

Schloss Hartenfels, Torgau (mit Katalog)

Kreissparkasse Heilbronn (mit Katalog) / Galerie Nupnau Art & Photographie, Schwaigern

art + form, Dresden

Galerie Walentowski, Werl

Galerie Z, Landau

Ernst Ludwig Kirchner Verein, Fehmarn

2017

Art Karlsruhe One-artist-show, Kunsthaus Lübeck

Dokumentationszentrum Prora in Zusammenarbeit mit Kunstraum Wasserwerk, Rügen

Salongalerie »Die Möwe« Berlin

Osthaus Museum Hagen (mit Katalog)

Stadtmuseum Amberg

Galerie am Dom, Wetzlar – Stadt-Galerie im Badehaus Bad Soden

Kultur- und Festspielhaus Wittenberge

Galerie Nupnau Art & Photographie, Schwaigern

Galerie im Rathaus, Schwaigern

Galerie Tobien, Husum

Art Lingen

Galerie Nottbohm, Göttingen

Kunsthandlung Langheinz, Darmstadt

2018

Art Karlsruhe One-artist-show, Kunsthaus Lübeck

Kunsthalle Vogtland, Reichenbach

ArtHus, Eckernförde

Galerie Mainzer Kunst, Mainz

Kulturkirche Neuruppin

Galerie Kersten, Brunnthal bei München

Galerie im alten Rathaus, Prien am Chiemsee

Ostholstein-Museum, Eutin

Herausgeber
Frank Thomas Gaulin, Kunsthaus Lübeck

Text
Professor Dr. Herwig Guratzsch,
Direktor a.D. des Museums Schloss Gottorf,
Schleswig

Redaktion
Heike Catherina Mertens

Lektorat
Anna Storchenegger

Grafische Gestaltung und Satz
Gabriele Sabolewski, Hatje Cantz

Schrift
Camingo

Herstellung
Anja Haering, Hatje Cantz

Projektmanagement
Carolin Schulz, Hatje Cantz

Reproduktionen und Druck
F&W Druck- und Mediencenter, Kienberg

Buchbinderei
Conzella Verlagsbuchbinderei, Urban Meister GmbH,
Aschheim-Dornach bei München

Papier
Profibulk, 150 g/m²

Erschienen im
Hatje Cantz Verlag GmbH
Mommsenstraße 27
10629 Berlin
Tel. +49 30 3464678-00
Fax +49 30 3464678-29
www.hatjecantz.de
Ein Unternehmen der Ganske Verlagsgruppe

In der EDITION GERD HATJE erscheint eine
Sammlerausgabe. Nähere Informationen erhalten
Sie unter: www.hatjecantz.de/edition-gerd-hatje

ISBN 978-3-7757-4492-8

Printed in Germany

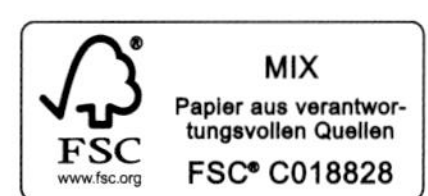

36 Arbeiten auf Papier von Armin Mueller-Stahl:
65 × 50 cm und 76 × 56,5 cm bis auf S. 33: 59 x 83 cm
Reproduktionen von Klaus Karstedt

Umschlagabbildung
Detail aus Abb. S. 45 *Dann und wann gibts einen Mann Der wien Vogel fliegen kann*

Fotografie
S. 4: Porträt © Andreas Mühe
S. 84: Porträt © Ekkehard Nupnau
S. 87: Der Narr, Volksbühne –
© Jürgen Simon, Theaterfotografie, Berlin
S. 88: 1992 privat mit Sohn Christian –
© Ian Cook Photograph

Zitat Armin Mueller-Stahl S. 5
Volker Skierka: Armin Mueller-Stahl. Die Biographie,
Hoffmann und Campe Verlag, Hamburg 2015, S. 19